イラスト版
子どものための
ポジティブ
心理学

一般社団法人
日本ポジティブ教育協会[監修]
足立啓美＋岐部智恵子＋鈴木水季＋緩利 誠[著]

自分らしさを
見つけやる気を
引き出す
51のワーク

合同出版

イローナ・ボニウェル博士からのメッセージ

　みなさんは、子どもたちにどのような人生を送ってほしいと考えていますか？「幸せになってもらいたい」「心身ともに健康でいてもらいたい」「平和に生きてもらいたい」。このような思いが浮かんできたのではないでしょうか？　親であれ、教師であれ、子どもたちには幸せで豊かな人生を歩んでもらいたいと常に願っているでしょう。

　しかし、こうした願いが、実際の教育カリキュラムに反映されることはほとんどありません。これはとても重大で、危険な落とし穴といえます。欧米では、青少年のうつが深刻な問題となっています。とくに欧州では、10～15％の子どもたちがうつや不安障害に苦しみ、学習や対人関係に悪影響を及ぼし、喫煙や飲酒、ドラッグ、自殺の傾向を高めているといわれます。

　先進国において、精神疾患が増加し、人種・宗教間の緊張・対立が深まるなかで、どうすれば、幸せな人生を送るためのスキルを子どもたちに授けられるでしょうか？　心身ともに健康で平和を尊ぶ市民を育てるために、私たちに何ができるでしょうか？

　その鍵は、心理・社会的な資質やスキルの獲得を促す「心理・社会教育（ポジティブ教育、社会性と情動の学習プログラム、平和教育などとも呼ばれる）」を学校に導入しようという、最近の試みにあると考えられます。心理・社会教育の目的は、子どもたちがより良い生き方を学ぶことで、さまざまな問題が発生することを予防するとともに、他人と共生するためのスキルを身につけ、それを伸ばすことにあります。

　心理・社会教育は、児童の発達過程と最新の科学的知見に即しておこなわれるとともに、それぞれの教育的支援や介入の結果が実証的に検証されているのが特徴です。実際に、27万人の児童・青年たちに実施された数々の教育プログラムの効果を検討したところ、彼らの社会的・情緒的なスキルや態度、行動、さらに学業成績のいずれもが顕著に向上したという結果が示されています。

　事実、子ども期を健全な人間関係のなかで過ごすことには数えきれないメリットがあります。教室の雰囲気は、教師や生徒の満足度、ストレスレベル、学業成績を左右します。子ども期に幸福であった人びとは、成人後も幸福である場合が多く、結婚、健康、長生き、収入、仕事のパフォーマンスなど、さまざまな場面で良い結果を得ていることも報告されています。

　こうしたことから、ポジティブ教育などの心理・社会教育は、決して従来の学校カリキュラムへの「ぜいたくなオプション」などではなく、子どもたちの精神を健康に保ち、バランスのとれた人生を歩ませ、社会に貢献できる人間を育てるために必須の教育であるといえます。

　本書は、ポジティブ教育の複雑な概念を、教育現場で活用しやすいよう、現実的な活動に具体化させています。さらに、多忙な教師でも活用しやすいように、短時間で実践できるワーク集という構成になっています。簡潔で具体的でありながら、豊富な内容を含んでいる本書は、ポジティブ教育の理論と実践の橋渡し役として大きな貢献を果たすとともに、子どもたちが自分自身を受け入れ、他人とより良い関係を保ちながら共生・共栄を可能にする教育実践のための貴重な助けになると信じています。

一般社団法人 日本ポジティブ教育協会顧問
イローナ・ボニウェル

この本を手に取ってくれたきみに

　この本を手に取ってくれてありがとう。きみはいま、どうしてこの本を手に取ってくれたのかな？　もっとしあわせになりたいな〜って思ったから？　もっと自分を好きになりたいって思ったから？　それとも、もっと前向きになりたいって思ったから？

　「しあわせになりたい」って思うのは、とっても自然なこと。でも、だれも、きみのかわりにきみの「しあわせ」を見つけてはくれないんだ。いろいろな経験をしたり、考えたり、感じたりして、きみなりの「しあわせ」を見つけなくちゃいけない。そう、それはまるで「しあわせ」をさがす冒険のようなんだ。

　もちろん、ときには苦しいことやかなしいことだってあるだろう（冒険にはつきものだよね）。そんなとき、この本はきっときみの助けになってくれるはず。なぜなら、この本は、自分らしく「しあわせ」な人生を送るためのヒントを書いた本だから。さあ、この本といっしょに、きみだけの「しあわせ」を見つける冒険に出発しよう！

　この本は、つぎのようなもくじになっているけど、スタートする場所は自由！　はじめからスタートしてもよいし、気になるページからスタートしてもいいよ。

第1章　気もちとなかよくなろう
第2章　心と体のつながりを知ろう
第3章　自分の強みを見つけていかそう
第4章　挑戦することをたのしもう
第5章　すてきな人間関係を育てよう
第6章　レジリエンスを高めよう
第7章　自分なりのしあわせや豊かさを見つけよう

もくじ

イローナ・ボニウェル博士からのメッセージ …… 2
この本を手に取ってくれたきみに …… 3

第1章　気もちとなかよくなろう

1　「気もち」ってなんだろう？ …… 8
2　いろいろな「気もち」のことばを知ろう！ …… 10
3　気もちは体にあらわれる …… 12
4　こんなときはどんな気もちになる？ …… 14
5　友だちはこんなときどんな気もちになる？ …… 16
6　ネガティブ感情が大きくなりすぎるとどうなる？ …… 18
7　ネガティブ感情は成長・成功のもと …… 20
8　ポジティブな気もちをもっと増やそう …… 22
9　ポジティブな気もちをかみしめよう …… 24
コラム❶　気もちを受け止めてもらえると心がスッキリ …… 26

第2章　心と体のつながりを知ろう

10　授業中、手をあげるときって心臓ドキドキ。手には汗！ …… 28
11　本番に弱くて準備したのにうまくできない …… 30
12　毎日いそがしくてストレスがいっぱい！ …… 32
13　授業中ついついいねむりしちゃうんだ …… 34
14　外で遊ぶよりお家でゲームしていたい …… 36
15　きらいなのに「食べなさい」って言われた …… 38
16　たのしみだった行事に参加できなくなっちゃった …… 40
コラム❷　リラックスを身につけよう …… 42

第3章　自分の強みを見つけていかそう

17 足はおそいし、背も高くない。とりえなんてなんにもないよ …… 44
18 いいなあ。友だちみたいになりたい …… 46
19 「やさしいね」って言われた。え？　そんなことで？ …… 48
20 自己紹介。なにを話したらいいの？ …… 50
21 赤信号。思いきってわたったら車がきちゃった！ …… 52
22 いつもノリのわるい子がいてイライラしちゃう …… 54
23 やさしくしたいのにちょっかいを出しちゃう …… 56
コラム❸　自分の強みをみんなにみとめてもらおう …… 58

第4章　挑戦することをたのしもう

24 算数の授業がつまらない！ …… 60
25 むずかしそう！　こんなのむりだよ …… 62
26 友だちはすごいな。自分にはむりだよ …… 64
27 いまがたのしければそれでいいでしょ？ …… 66
28 夢があってもかなえ方がわからない …… 68
29 どうしてもやる気が起きない …… 70
30 がんばっているのにどうしてもうまくいかない …… 72
コラム❹　「たのしむ心」をわすれずにいよう …… 74

第5章　すてきな人間関係を育てよう

31 どうせ味方してくれる人なんていないよ …… 76
32 「ありがとう」と言われてとってもうれしかった！ …… 78
33 親切にされるとなんだか自分も親切にしたくなる …… 80
34 友だちがとってもうれしそうに話しかけてきた …… 82
35 友だちと考え方や好みがちがいすぎる …… 84
36 またオニにされちゃった……。ガマンしなきゃいけないの？ …… 86
37 けんかしたときどうしたらなかなおりできるんだろう …… 88
38 ぜったいにゆるせない！　しかえししたい！ …… 90
コラム❺　「共感」をとおして、お家の人や友だちともっとなかよくなる …… 92

5

第6章　レジリエンスを高めよう

- **39** 大失敗！　もう立ち直れない……　…… 94
- **40** どうしたら立ち直れるの？ …… 96
- **41** あの人を思いうかべると元気が出てくる …… 98
- **42** 「つらいこともよい経験になる」ってほんとう？ …… 100
- **43** いやな気もちがおさまらない！ …… 102
- **44** ムカついてドアをバタン！　ってしめたらおこられた！ …… 104
- **45** テストだって！　えーっ、いきなり!? …… 106
- **46** どうせむりに決まってるよ…… …… 108
- コラム❻ ベサニーの物語にきみはなにを感じる？　なにを考える？ …… 110

第7章　自分なりのしあわせや豊かさを見つけよう

- **47** しあわせって、どんなときに感じるの？ …… 112
- **48** しあわせって、どんなふうに感じるの？ …… 114
- **49** 苦しくてつらいのにそれも「しあわせ」なの？ …… 116
- **50** しあわせな気もちはなぜ長つづきしないの？ …… 118
- **51** しあわせの気もちが長つづきする方法はある？ …… 120
- コラム❼ 「しあわせ」はとってもふしぎ …… 122

「24の強み」の解説 …… 124
解説 …… 126
参考資料 …… 127

- ●カバーデザイン　守谷義明＋六月舎
- ●本文デザイン　岡田恵子（ok design）
- ●イラスト　宮原あきこ

第1章 気もちとなかよくなろう

毎日、生きていると、いろんな気もちになるね。
うれしいとき、かなしいとき、
いやな気もちのとき、不安に思うとき……。
ポジティブなものもネガティブなものもあるけど、
どの気もちも大切。いまの気もちをよく知って、
気もちとなかよくなれれば、いやなことに立ち向かったり、
自分を元気にしたりすることができるよ。
第1章では、気もちのことをよく知って、
それとなかよくなる方法を身につけるよ。

…「気もち」ってなんだろう？

■「感情」の重要性を知る

きみに「こわい！」という気もちがあるから、
きけんからにげることができる。
きみに「うれしい」っていう気もちがあるから、
「またやってみよう」っていう気もちがわいてくる。
「気もち」には、生きていく上でだいじな役割があるんだ。
「かなしい」気もち、「こわい」気もち、「おこった」気もち、
「たのしい」気もち、「うれしい」気もち……。
「気もち」を知ると、いやなことに立ち向かったり、
自分を元気にしたりもできるよ。
自分の「気もち」をよく知って、「気もち」となかよくなろう！

第1章　気もちとなかよくなろう

ワーク 「気もち」の役割

「こわい」と感じるから、あぶないことからにげることができる。

「不安」を感じるから、前もって用意することができる。

「いかり」を感じて、だいじなものをまもることができる。

「かなしい」と感じるから、なくなったものの大切さを知ることができる。

いっしょに「たのしい」と感じると、なかよくなれる。

「うれしい」と感じると、またやってみようという気もちになる。

「ありがとう」を感じると、それをだいじにできる。

「安心」を感じると、心も体も休まる。

大人の方へ　ネガティブ感情はない方がよく、子どもにはできるだけポジティブな感情を感じてほしいと大人は思いがちです。しかし、ネガティブ感情を感じることもとても大切なことです。子どものネガティブ感情をいたずらに否定することなく、「○○って感じたんだね」としっかりと受け止めると、子どもたちは安心してつぎの行動に移ることができます。

いろいろな「気もち」のことばを知ろう！

■感情に名前をつける

よいことがあったときには「たのしい」気もち、
「うれしい」気もちになるよね。
反対に、いやな目にあったときや、いやなことを言われたときは
「おこる」気もち、「かなしい」気もちになるだろう。
大切なものがこわれてしまったときには「かなしい」気もち、
「ざんねんな」気もちになる。
ほかにも「くやしい」「はずかしい」「こわい」「せつない」「さわやか」
「ほっとする」「ほこらしい」「ありがたい」「大好き」「ゆかい」……。
「気もち」ってほんとうにたくさんの種類があるんだ！
「気もち」をあらわすことばをたくさん知っていると、
自分の気もちを言いあらわすのが得意になるよ！

ワーク 「気もち」のことばたんてい

第1章 気もちとなかよくなろう

よい気もちのことば（ポジティブ感情）、いやな気もちのことば（ネガティブ感情）、それぞれのことばをたくさんあつめよう！ 自分で思いついたことばだけじゃなくて、お家の人や近所の人、友だちに聞いてみたり、辞書でしらべたりしてあつめてみよう！

> 友だちと「気もちのことば合戦」をしてみよう！ 2チームにわかれて、じゅんばんに「気もちのことば」を出していくよ。同じことばは出しちゃダメ。よりたくさん出せたチームの勝ち！

よい気もち（ポジティブ感情）	いやな気もち（ネガティブ感情）
（例）うれしい	（例）かなしい

大人の方へ　自分の感情に名前をつけることを「感情のラベリング」といいます。感情のラベリングをすることで、感情をことばで表現したり、相手の感情を理解したりできるようになります。感情にはいろいろな種類があり、それを表すいろいろなことばがあると知ることが、自己理解や他者理解、コミュニケーション力の土台となります。

3 …気もちは体にあらわれる

■感情と身体の関連性を知る

ユキちゃんがコウタくんに「チビ、チビ」ってからかわれたら、
みるみるまゆげがつり上がって、顔があかくなって、
こぶしをにぎりしめて、肩が上がっていったよ。
ユキちゃん、「チビ」って言われてすごくおこったんだね。
おこっているときのきみはどんな顔をしてる？
体はどう？　胸のあたりはどんな感じ？
かなしいときは？　うれしいときは？
「気もち」は体にあらわれるんだ。
だから、体からのサインで、人の気もちを知ることができるよ。

第1章　気もちとなかよくなろう

ワーク　カガミよカガミ

友だちと2人1組になろう。1人は自分役、もう1人はカガミ役だ。自分役は、下の「気もちリスト」の「気もち」を体だけであらわそう。カガミ役は、それをマネして自分役の子の気もちをあてよう。

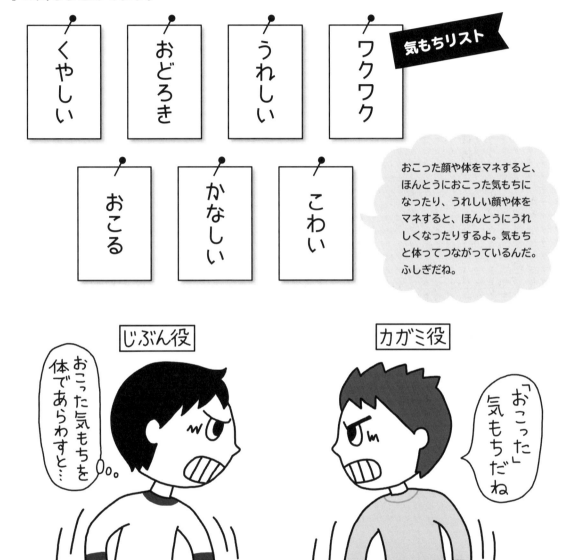

気もちリスト
- くやしい
- おどろき
- うれしい
- ワクワク
- おこる
- かなしい
- こわい

> おこった顔や体をマネすると、ほんとうにおこった気もちになったり、うれしい顔や体をマネすると、ほんとうにうれしくなったりするよ。気もちと体ってつながっているんだ。ふしぎだね。

じぶん役：「おこった気もちを体であらわすと…」
カガミ役：「『おこった』気もちだね」

大人の方へ　感情の変化と体や表情の変化は同時に起こります。自分の感情をすぐにことばで説明できなくても、「胸のあたりがもやもやする」など、体の変化をことばにすることはできます。そこから自分の感情を理解し、表現できることがあります。自分の感情や体の変化への理解が深まると、他者の感情への理解も深まります。そうして自己理解や他者理解の力が育っていきます。

こんなときは どんな気もちになる？

■感情を理解する・自己を表現する

みんなはできる逆上がり、自分だけできない。
なんだかもやもやした気もちで家にかえったら、お母さんに
「どうしたの？　うかない顔してるよ。学校でなにかあった？」
って聞かれた。
「あのね、逆上がりができなくて、かなしかった。くやしかった」
ってこたえた。聞いてもらったらすこしだけすっきりした。
なにかネガティブな気もちになったとき、
それをことばにできると、ちょっと気もちがかるくなることがあるんだ。
なにかポジティブな気もちになったとき、
それをことばにすると、その気もちがもっとふくらむこともあるよ。

第1章　気もちとなかよくなろう

ワーク　こんな気もちになるのってどんなとき？

❶ きみがポジティブな気もちになるのはどんなとき？

ポジティブな気もち	どんなとき？
うれしい	
ハッピー	
たのしい	
やる気まんまん	
まんぞく	

❷ きみがネガティブな気もちになるのはどんなとき？

ネガティブな気もち	どんなとき？
かなしい	
落ちこむ	
イライラ	
いかり	
不安	

どんなときにどんな感情になるかは、一人ひとり違います。自分がどんなときにどんな感情になるかを知ることが自己理解につながります。「間違った答え」はありません。子どもの発言は否定せずに受け止めます。また、子ども同士で相手の感情を否定しないようにサポートすることも大切です。

友だちはこんなとき どんな気もちになる？

■自己を理解する・他者を理解する

虫が好きなケンジくんは、
虫カゴのカブトムシがエサをなめているところを見ていると
とってもうれしくなっちゃうんだって。
おしゃれなヨウコちゃんは、
すてきな洋服を買ってもらえるとすっごくうれしいんだって。
友だちの気もちって、「こんなときこんな気もちなんだよ」って
話してもらわないとわかからないことがたくさんあるんだ。
話を聞いてみると、「そうなんだー」って
その子のことがよくわかるし、自分のこともよくわかってもらえて、
いままでよりずっとなかよくなれるよ！

第1章　気もちとなかよくなろう

ワーク　気もちすごろく

①3、4人でグループをつくろう。
②サイコロをふって、出た目の数だけすすもう。
③自分がとまったマスの表情(ひょうじょう)を見て、どんな気もちかを言おう。
④自分だったらどんなときにそんな気もちになるかを話そう。

友だちの話を聞くときは、体を相手にしっかりと向けて、うなずいたりあいづちをうったりしながらじょうずに聞こうね。自分の気もちをちゃんと聞いてもらえると、とってもうれしくなるよ。

大人の方へ　そのときどきの自分の感情を言い表すことが上手な子もいれば苦手な子もいます。まずは、前項のワークに挑戦させるなど、ウォーミングアップをしてから「気もちすごろく」を実施してみてください。また、話の上手な聞き方を教え、お互いにしっかりと気持ちを聞き合えるようにサポートをしてください。

ネガティブ感情が大きくなりすぎるとどうなる？

■ネガティブ感情の悪循環を知る

ハルナとけんかした！ ムカつく！
ふてくされてたら先生におこられた。超ムカつく！
家でおとうとがうるさいから「うるさい！」ってどなったら、
お母さんにまでおこられた。
もお〜、なんなの!?　って思っちゃうとき、あるよね。
ネガティブな気もちも生きていくためにはとっても大切（項目7）。
だけど、それが大きくなりすぎるとやっかい。
ネガティブな気もちが大きくなりすぎると
どんなこまったことが起こるか、考えてみよう！

第1章　気もちとなかよくなろう

ワーク　ネガティブの風船がパンッ！！

1 「いかりの風船」が大きくなりすぎるとどうなるかな？

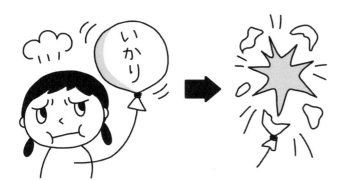

（例）友だちとけんかになる

＿＿＿＿＿＿＿＿＿＿＿＿＿＿＿
＿＿＿＿＿＿＿＿＿＿＿＿＿＿＿
＿＿＿＿＿＿＿＿＿＿＿＿＿＿＿
＿＿＿＿＿＿＿＿＿＿＿＿＿＿＿
＿＿＿＿＿＿＿＿＿＿＿＿＿＿＿

2 「かなしみの風船」が大きくなりすぎるとどうなるかな？

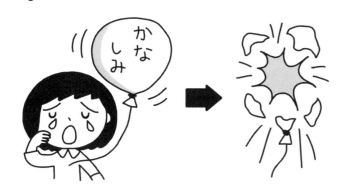

（例）元気がなくなる

＿＿＿＿＿＿＿＿＿＿＿＿＿＿＿
＿＿＿＿＿＿＿＿＿＿＿＿＿＿＿
＿＿＿＿＿＿＿＿＿＿＿＿＿＿＿
＿＿＿＿＿＿＿＿＿＿＿＿＿＿＿
＿＿＿＿＿＿＿＿＿＿＿＿＿＿＿

3 「恐怖(きょうふ)の風船」が大きくなりすぎるとどうなるかな？

（例）ねむれなくなる

＿＿＿＿＿＿＿＿＿＿＿＿＿＿＿
＿＿＿＿＿＿＿＿＿＿＿＿＿＿＿
＿＿＿＿＿＿＿＿＿＿＿＿＿＿＿
＿＿＿＿＿＿＿＿＿＿＿＿＿＿＿
＿＿＿＿＿＿＿＿＿＿＿＿＿＿＿

大人の方へ　ネガティブ感情はとても大切な感情です。「感じてはいけないもの」と捉えてしまうと、感情を抑圧してしまい、かえって不健康になってしまうことがあります。ネガティブ感情をしっかりと認めた上で対処していくことが必要です。その方法については、第6章「レジリエンスを高めよう」などで詳しく扱います。

ネガティブ感情は成長・成功のもと

ポジティブトレーニング 7

■ネガティブ感情の必要性を知る

ネガティブな気もちが大きくなりすぎるとこまっちゃうね（項目6）。
だから、ネガティブな気もちはできるだけ感じたくないかもしれない。
だけど、「かなしい」思いをしたことで、
まわりの人にやさしくできるようになった。
「くやしい」気もちをバネに、たくさん練習してじょうずになった。
「いかり」がきっかけで、社会活動に参加するようになった。
ネガティブな気もちがあったおかげで、
自分が成長した、成功したっていう経験をしている人は多いよ。
ネガティブな気もちは、きみのためにもなるってこと、
おぼえておいてね！

第1章　気もちとなかよくなろう

ワーク　インタビュー「ネガティブ感情 de 成功ストーリー」

❶ 「くやしい」「いかり」「かなしい」「不安」など、ネガティブな気もちになったおかげで自分が成長した・成功したと思った経験がないか、みぢかな大人の人にインタビューしよう。

「かなしい」「くやしい」「不安」「いかり」など、いやな気もちになるような体験をしたけれども、そのおかげで成長した・成功したと思うようなことがあれば、教えてください。

・いつのことですか？
・どこで体験しましたか？
・どのような体験をしましたか？
・どのような気もちになりましたか？
・そのおかげでどのように成長・成功しましたか？

お話をしてくださいましてありがとうございました。

いろいろな大人に聞いてみよう！　ノートにメモをしながら話を聞こう。インタビューが終わったら、しっかりとお礼を言おう。

❷ インタビューをしてきみが感じたことを書こう。

お話を聞いて、つぎにきみがネガティブな気もちになったとき、どんなふうにしたいって思ったかな？

_____

_____

_____

_____

> **大人の方へ**　アメリカの心理学者ロバート・B・ディーナー博士は、「20％のネガティブ時間を有益に使える人は仕事でも学問でも成功し、豊かで幸福な人生を歩める」(『ネガティブな感情が成功を呼ぶ』草思社) と結論づけました。大人が自らの体験を語ることで、子どもたちは、ネガティブ感情とのつき合い方を学ぶことができます。

21

ポジティブな気もちをもっと増やそう

■ポジティブ感情を増やす

おなかの底からたくさん笑うと、
かぜをひきにくく、じょうぶな体になって長生きできる。
いっしょうけんめい勉強してこたえがわかると
もっともっと勉強したくなる。やる気だってわいてくる。
友だちと遊んでいてすごくたのしい気もちになると、
きみたちはそれまでよりももっともっとなかよくなれる。
ポジティブな気もちは、
きみをもっともっとポジティブにしてくれるんだ。
きみがネガティブな気もちに押しつぶされそうになったら、
ポジティブな気もちを感じられることをしてみよう。
ポジティブな気もちがネガティブな気もちをやわらげてくれるよ。

第1章　気もちとなかよくなろう

ワーク　3つのよいこと

1日をふり返って、ポジティブな気もちになったことを3つ書き出してみよう。

（例）放課後、シオリちゃんと遊んですごーくたのしかった！
　　　理由：シオリちゃんに「遊ぼう」とさそったから。

> 1週間、そのよいことはどうして起きたのか、理由も考えてみよう。寝る前にこのワークに挑戦してみよう。元気が出るよ！

①
_____
理由：
_____
②
_____
理由：
_____
③
_____
理由：
_____

ワーク　よいことのおすそわけ

上で挙げた「3つのよいこと」を友だちに聞いてもらおう。話し終わったら、友だちの「3つのよいこと」を聞こう。

> ①話し終わったら「聞いてくれてありがとう」と言おう。
> ②話を聞くときは体を相手に向けて、あいづちをうちながら、さいごまでしっかり聞こう。
> ③「そんなのよくないよ」「なにそれ？」などと、相手の話を否定することは言わないでね。
> ④お家の人ともやってみよう。

　1日の終わりに、その日うまくいったできごとを大小問わず3つ思い出し、なぜうまくいったのか、理由といっしょに書き留めます。この「3つのよいこと」を1週間以上続けた結果、幸福感が増大し、最長で6カ月間も抑うつ症状が軽減し続けたという研究結果があります（C・ピーターソン著『ポジティブ心理学入門』春秋社）。家族でおこなうときには、親子でお互いに伝え合いましょう。

ポジティブな気もちをかみしめよう

■ポジティブ感情を味わう

きのうの遠足すっごくたのしかったけど、きょうは学校で
けんかしちゃっていやな気もちでいっぱいになっちゃった。
ポジティブな気もちは、きみをもっとポジティブにするけど、
すぐに消えてなくなってしまう。
ネガティブ感情みたいに長つづきしないんだ。
だから、ポジティブな気もちになったら、
それを忘れないように、しっかりとかみしめて味わうことがだいじ。
これを「セイバリング」というよ。
セイバリングして、ポジティブ感情の効果を
もっともっとアップさせよう。

第1章　気もちとなかよくなろう

ワーク　セイバリングアルバムをつくろう

気もちの風船のなかから３つ選んで、その気もちを表す絵や写真を集めてアルバムをつくろう！

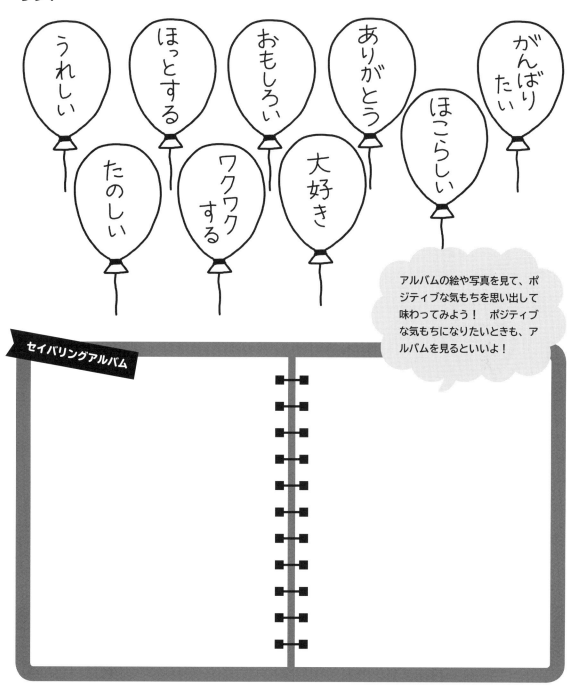

アルバムの絵や写真を見て、ポジティブな気もちを思い出して味わってみよう！　ポジティブな気もちになりたいときも、アルバムを見るといいよ！

大人の方へ　ポジティブ感情は、ネガティブ感情に比べて持続しないといわれています。ポジティブ感情を想起させるような写真やグッズを使うなどしてポジティブ感情を味わう「セイバリング」の習慣を身につけさせます。友だち同士や家族などで、思い出話をしてポジティブ感情を思い出したり、ときどきアルバムを取り出して一緒に見たりしながら、ポジティブ感情を共有するのもよいでしょう。

コラム ①

気もちを受け止めてもらえると心がスッキリ

　ちっちゃい子が公園で転んじゃって「えーん、えーん」って泣いている。すごく痛かったのかな？　ぜんぜん泣きやまない。そんなとき、お母さんがとんできて、その子にこんなふうに話しかけたんだ。
　「どうしたの？　ころんじゃったの？」
　その子は泣きながらうなずいている。
　「そう。痛かったね」「びっくりしたね」
　するとその子は、お母さんの顔を見て「うん、びっくりしたの。痛くてね、びっくりしたの」っていって、泣きやんだんだ。
　「痛かった」「びっくりした」っていう気もちをお母さんにやさしく受け止めてもらえて、それだけで心が安心して、スッキリしたんだね。
　わたしたちも同じだ。いやな気もち（ネガティブ感情）を聞いてもらうと、それだけでふしぎといやな気もちが減っていく。いい気もち（ポジティブ感情）を聞いてもらうと、それだけでふしぎといい気もちが増えちゃうんだ。きみもだれかに気もちの話を聞いてもらうと、心がスッキリしてしあわせな気もちが増えていくよ！
　だから、友だちの気もちの話もじっくり聞いてほしい。「そうかー、そんな気もちだったんだ」ってしっかり受け止めてあげると、それだけで友だちのいやな気もちは小さくなるし、いい気もちは大きくなる。きっと、その友だちともっともっとなかよくなれるよ！

第2章 心と体のつながりを知ろう

自分らしくしあわせな毎日をすごすには、
自分をよく知ることが大切だ。リラックスしたり、
体によい食事をしたり、グッスリねむったりして、
体の調子を整えて、心を元気にしよう。
そうすれば、自分らしさを発揮できたり、
なにかに挑戦する元気が出たりするんだ。
第2章では、体からのメッセージをよく聞いて
自分の心の状態を知る方法、
体の調子を整えて、心を元気にする方法を身につけるよ。

10 授業中、手をあげるときって心臓ドキドキ。手には汗！

■ストレスがかかると体に変化があらわれることを知る

「答えがわかる人は手を挙げてください」って先生が言う。
答え、わかった。でも、どうしよう。手を挙げようかな……。
ああ、心臓がドキドキしてきた。手にも汗をかいてる。
「あっているかな？」「ちゃんと言えるかな？」
って思うと体が緊張しちゃうんだ。
心臓がドキドキと動く回数を心拍数というよ。
緊張したときだけではなく、おこったときや、こわいとき、
ワクワクするときにも心拍数は高まる。
それだけでなく、心と体はつながっていて、
ストレスがかかると手や脇の下に汗をかいたり、
体のいろいろなところにそれがあらわれるんだ。

第2章　心と体のつながりを知ろう

 ドキドキコントロール

1　ドキドキをはかろう

①左の手のひらを自分の方にむけよう。
②右手の人差し指、中指、薬指を左手親指のつけ根あたりの手首にあて、ドクドクという感じが伝わるところをさがそう。
③10秒間に何回ドクドクといったかを数え、6倍しよう。

ぼく・わたしのいまの心拍数　□ 回×6＝ □ 回／分

> 心臓のドキドキの回数を心拍数というよ。

2　ドキドキしてみよう

④どんなときに心拍数は増えるかな？　お年寄りに席をゆずったり、こわい映画を見たりしてみよう！

□ したとき、

心拍数＝ □ 回／分に増えた。

⑤ほかに体の変化があれば書きとめよう。
　（例）汗をかいた。

> 落ちついているときと、ドキドキしているときは、体に変化があることがわかったかな？　ドキドキすることをするときには、大人の人にかならず立ち会ってもらおう。あまりにドキドキすると体がびっくりしてしまうので、1分間など、時間を決めて実験してみよう。

3　どうしたらドキドキを落ちつかせられるかな？

⑥心拍数を落ちつかせる方法を考えて、試してみよう。

□

□ したあとの心拍数

＝ □ 回／分

> たのしいことを想像したり、深呼吸したりすることで、ドキドキを落ちつかせることができるよ。

大人の方へ　ポジティブ感情には、ネガティブ感情によって生じた心血管の異常を鎮めたり、打ち消したりする「ポジティブ感情の打ち消し効果」があります。ポジティブ感情を利用して、生理的反応を抑制することができるのです。まずはストレスを感じている時とリラックスしている時の心身の違いを知りましょう。ストレス状態になった時に自分で気づいて対応できるようになります。

29

本番に弱くて準備したのにうまくできない

■マインドフルネス呼吸法を実践する

テスト勉強はしたのに、テストになると頭が真っ白。
試合の前には心臓がドキドキして体が動かない。
一生懸命練習したり、まちがえないように準備したりしても、
本番で緊張したり、不安になったりして、
思いどおりにうまくできないことはだれにでもあるんだ。
そんなときは「マインドフルネス呼吸法」で、
とくべつにしずかな時間をすごしてみよう。
心が落ちつき、体がリラックスして、
きみのもっている力を思いきり出すことができるようになるよ。
不安になったり、こわくなったり、
おこりたくなったりしたときは、いつでもやってみてね。

第2章　心と体のつながりを知ろう

ワーク　マインドフルネス呼吸法

1　1・2年生

①床にあお向けに寝っころがって、おなかの上にぬいぐるみを乗せよう。
②息をしっかりはき出そう。
③鼻から息をゆっくり吸おう。心のなかでしずかに1、2、3、4とかぞえよう。
④ゆっくり長く鼻から息を吐き出そう。おなかの上で上下するぬいぐるみを見ていよう。

> 口呼吸のクセがついてない？　口を閉じ、鼻で呼吸してみよう。口呼吸は、かぜをひきやすくなったり、集中力が落ちたりする。どうしてもむずかしかったら、口呼吸でもいいよ。

> 全身の力をぬいて、おなかまでいっぱいに息を吸いこもう。頭になにかうかんだら、ぬいぐるみに集中！

2　3年生〜6年生

①背筋をのばしていすに腰かけよう。
②鼻から息をゆっくり長く吸いこもう。胸だけでなく、お腹が大きく丸くなるのを感じよう。
③おなかいっぱいに息を吸ったら、ゆっくり長く鼻から吐き出そう。おなかがへこむのを感じよう。
④②、③をくり返そう。

> ゆっくり、長く吐き出すことをとくに意識しよう。そして、きみの息は体のどこを通っているか観察しよう。頭になにかうかんだら、呼吸に集中するんだ。

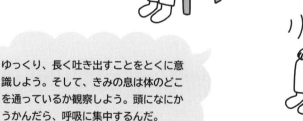

大人の方へ　マインドフルネスとは、「価値判断をしたり、先入観をもったりせず、五感を使って、いまこの瞬間に意識を向けることで生まれる気づき」のことです。呼吸や全身に意識を向けることは、自分の「いまこの瞬間」に気づき、落ち着きを育てる土台となります。1日15分、1カ月を目標に実施できるとよいでしょう。子どもが感情をうまくコントロールできないときには、一緒にマインドフルネス呼吸法を実践してみてください。

毎日いそがしくてストレスがいっぱい！

■リラックスをして体を休める

学校の宿題に、塾に習いごとに。子どもだって、毎日大いそがし。
その上、お母さんにはしかられるし……。
大変なことやいやなことが重なると、
子どもだってストレスがたまって、
なんだか胸がモヤモヤしたり、痛くなったり、
プルプルふるえたり、呼吸がしづらくなったり、
お腹がいたくなったり、汗をかいたりすることがあるんだ。
そうなったら、要注意！　毎日が台なしになってしまうよね。
でもだいじょうぶ。リラックスすることを練習すると、
大変なことやいやなことにも立ち向かう力が身につくんだよ。

第2章　心と体のつながりを知ろう

ワーク　なりきりヨガに挑戦！

 木のポーズ

①背筋をのばす。左足で立って右足のうらを左ひざの内側につける
②地面についた足のうらから根が生えている。風がふいてもびくともしない。
③両手を合わせて頭の上にのばす。深呼吸を3回。
④手と足をおろして、左右を変えてもう一度。

② コブラのポーズ

①うつ伏せに寝る。足を肩幅に広げる
②両手をついて、息を吸いながら上半身をそらす。
③コブラになりきろう。さあ、獲物はどこかな？　深呼吸を3回。
④体を元にもどしてすこし休んだら、もう一度くり返す。

③ 大草原でお昼寝のポーズ

①あお向けに寝る。両足を少し開く。手は体から少しはなして、手のひらを天井に向ける。
②ゆっくりと目をとじて顔と体の力をぬく。
③ゆったりと深呼吸。体が大地にしずみこむような感じ。
④頭になにかうかんだら、マインドフルネス呼吸法（31ページ）を思い出し、呼吸に集中しよう。

●お腹がいっぱいのときはやめよう。
●むりせず、できる範囲でやってみよう。
●さいごはかならず、大草原でお昼寝のポーズで終わろう。

 大人の方へ　ヨガの動きを通して自分の呼吸や心身の状態に注意を向けるようになります。自分の心と体を大切にすることで、自分自身を理解することにつながります。また、ヨガをおこなうと、姿勢や呼吸が整い情緒が安定してくるともいわれています。ワークで紹介したポーズ以外にも、子どもに適したヨガのポーズはたくさんありますので、子どもに合わせて挑戦してみてください。

33

13 授業中ついついいねむりしちゃうんだ

ポジティブトレーニング

■睡眠と心身の成長の関係を知る

授業中ねむくって、頭がボーっとしちゃう……。
必要な睡眠時間は、1～3年生で10時間、
4～6年生で9時間くらいっていわれているよ。
きみは、毎日なん時間くらい寝ているかな？
寝ているあいだに、体と頭はあしたの準備をする。
①体をしっかりと休め、1日のつかれを取って元気にする。
②昼間とった栄養をつかって、身長をのばし、体をつくる。
③学校などであたらしくおぼえたことをしっかりとおぼえる。
寝る時間が足りないと、準備不足になってつぎの日
起きられなくなってしまったり、せっかくおぼえたことを
わすれたりしてしまう。はやく寝ることがだいじだよ。

第2章　心と体のつながりを知ろう

ワーク　ストップ！　いねむり

どうしたらはやく寝られるか、考えてみよう。

●タクミくんの場合
テレビがおもしろくてついつい夜ふかし……

●どうしたらはやく寝られる？
タクミくんにアドバイスしてみよう。

テレビやスマホなどの強い光は脳を起こすはたらきがあるんだ。

_____
_____
_____

●きみの場合

●どうしたらはやく寝られる？
自分にアドバイスしてみよう。

リラックスできる方法や、どんな部屋なら寝やすいかを考えてみよう。

_____
_____
_____

ワーク　「心配ボックス」をイメージしよう

なやみごとや心配なことがあってねむれないときは、「心配ボックス」をイメージして、そのなかに心配ごとをしまってカギをかけよう。

心配ボックスがきみのなやみや心配ごとをあずかってくれるよ。イメージするだけじゃなくて、ほんとうに心配ボックスをつくってへやのすみにおいておくのもいいね。

数日後に心配ボックスをあけてみよう。心配していたことはどうなったかな？

小学校高学年の睡眠について、22時前に就寝する子どもでは、「勉強が楽しい」「運動している」「とても元気」と答えた割合が高い一方、23時以降に就寝する子どもでは、「午前中眠い」「体調が悪い」「イライラする」と答えた割合が高くなったという調査結果があります。また、就寝時刻が遅ければ遅いほど、睡眠時間が少なければ少ないほど、成績が悪化するという研究結果もあります。

35

14 外で遊ぶより お家でゲームしていたい

■セロトニンを増やし脳を健康にする

お家でゲームしてたら、
お母さんに「すこしは外で遊んできなさい！」って言われた。
なんで外で遊ばないといけないの？
ゲームのほうがぜったいたのしいのに。
きみが食べたり、考えたり、よろこんだり、手足をうごかしたりして
いるあいだ、きみの脳は、ずっとしごとをしている。
だから、脳が元気でいることはとってもだいじだ。
脳を元気にするには、脳のなかに「セロトニン」っていう物質が
たくさん必要だ。外で太陽の光をあびて運動したりすると、
セロトニンがたくさんつくられる。
脳が元気になれば、きみの心と体も元気になるんだよ。

第2章　心と体のつながりを知ろう

ワーク　脳を元気にする調査

1 きみは、どのくらい脳を元気にしているだろう？
できていることに〇をつけよう。1週間後、〇をかぞえてグラフにしてみよう。

■ぼく・わたしの1週間

	月曜日	火曜日	水曜日	木曜日	金曜日	土曜日	日曜日	合計
朝日をあびた								
外で遊んだ（運動した）								
夜9時までに寝た								
ぐっすり寝た								
早起きした								
朝ご飯をしっかり食べた								
リラックスできた								

2 〇をかぞえて、グラフに色をぬってみよう。

> グラフにたくさん色をぬれたきみはこの調子でがんばろう！　あまりぬれなかったというきみは、どうしたら〇を増やせるかな？　考えてみよう！

大人の方へ　セロトニンは、心や体のバランスを整える役割がある重要な脳内物質です。脳内でセロトニンが十分につくられるためには、食事のバランスや、早寝早起き、適度な運動のほか、ストレスや不安をためない生活を送ることが大切です。落ちつきがなくソワソワしている子どもを見て、それがその子の性格だと決めつけずに、まずは、どのような生活をしているのかに気を配る必要があります。

37

15 きらいなのに「食べなさい」って言われた

■三大栄養素について知る

お母さんに「野菜も食べなさい」っておこられた！
野菜はきらい！
ぜったい食べたくない！
体が元気でいるためには、3つの栄養素が必要だ。
1つ目は、エネルギーになる栄養素。
きみが遊んだり、勉強したり、スポーツしたり。
呼吸したり、寝たりするときだってエネルギーは必要だ。
2つ目は、きみの体をつくるための栄養素。
皮膚も骨も筋肉も内臓も、きみが食べる食べものからつくられている。
3つ目は、体の調子を整えてくれる栄養素。
たりないと、かぜをひいたり、ほかの病気になったりしてしまう。

第2章　心と体のつながりを知ろう

ワーク　「栄養戦隊サンレンジャー」大集合！

こんなときは、栄養戦隊サンレンジャーに助けてもらおう。

ご飯を食べるとき、サンレンジャーがちゃんときてくれているか、かくにんしてみよう。

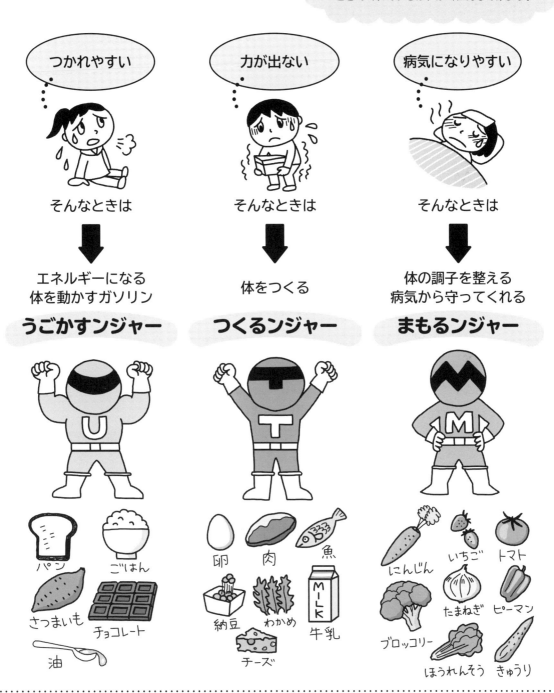

大人の方へ　三大栄養素をバランスよく摂るために、どのような食品を、どのように組み合わせて食べると良いかを覚えさせます。「うごかすンジャー」は、糖質や脂質が主な栄養素で、「つくるンジャー」はタンパク質が主な栄養素です。そして、「まもるンジャー」はビタミン・ミネラル類が主な栄養素です。

39

16 たのしみだった行事に参加できなくなっちゃった

■ポジティブ感情が免疫力を高めることを知る

きょうは遠足！　それなのにかぜをひいていけなくなった。
友だちと遊べるのをすごくたのしみにしていたのに……。
部屋でぼんやりしていたら、お母さんが大好きなゼリーを
もってきてくれてギュッとだきしめてくれた。
かなしい気もちやさみしい気もちが少しやわらいだんだ。
たのしみにしていたことができなくなったら
だれだって心の元気タンクはからっぽになっちゃう。
体調がわるければなおさらだ。そんなときは、
だれかになでてもらったり、だきしめてもらったり、
反対にだれかの手をにぎったりすると
心地よい気もちになって、心のタンクに元気がたまってくるよ。

第2章　心と体のつながりを知ろう

ワーク　元気タンクメーター

❶ いまの元気度を0〜10であらわすとどのくらい？　メーターに色をぬろう。

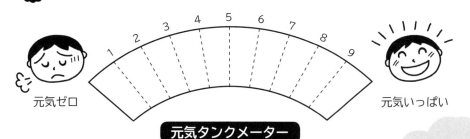

> だれでも元気いっぱいのときと、ぜんぜん元気がないときがある。元気がないことはけっしてわるいことではないんだ。だから元気がなくても心配しないでね。

❷ 病気やけがをしたときの元気度はどのくらい？
思い出して色をぬろう。

❸ 病気やけがをしたとき、どうしたら元気のタンクはいっぱいになるかな？
きみのとっておきの方法を書いてみよう。

（例）お母さんにギュッてだきしめてもらう／
　　　大好きな本を読む／ボーっとする

_____

_____

_____

_____

> 人によって元気のタンクをいっぱいにする方法はちがう。友だちとちがってもだいじょうぶ！これまでやってもらったことや、自分がやってみたことでもいいし、これからやってみたいことや、だれかにしてほしいことでもいいよ。きみだけのとっておきの方法を見つけよう！

 病気をしたり、けがをしたりすると心も沈みがちです。しかし、ポジティブ感情が免疫力を高めるという研究報告があります。心が元気を取り戻すことは、身体にも良い影響を与えるのです。心を元気にする自分なりの方法を見つけておくことで、いざというとき、よりはやく落ち込みから立ち直ることができます。

コラム ❷

リラックスを身につけよう

　ストレスって聞いたことある？
ストレスとは、毎日の生活のなかで、大変だな、いやだなと思うこと。
　子どもだって勉強やテスト、家族や友だちとのできごとなどでストレスを感じることあるよね。ストレスがかかると、なんだか胸（むね）がモヤモヤしたり、緊張しておなかがいたくなったり、プルプルふるえたり、呼吸（こきゅう）がしづらくなったり、汗（あせ）をかいたりして、体が教えてくれることもあるんだ。こんなふうになったら、たのしい毎日が台なしになってしまうよね。
　でもだいじょうぶ。リラックスする練習をすると、大変なこと、いやなことにも立ち向かう力が身につくんだよ。音楽を聞いたり、おしゃべりしたり、本を読んだり……。きみなりのリラックス法をさがしてみよう。
　また、気もちよく毎日をすごすためには、いろいろな方法で自分を大切にすることがだいじ。
　リラックスすること、体によい食べものを食べること、ぐっすりねむること、運動することは、きみの体の調子をよくして、気分をよくしてくれるだろう。体と心はつながっているんだ。

●家族や友達といっしょにリラックス
① 2人1組になり、1人が背中（せなか）を向けてすわります。
② 相手の肩（かた）に手のぬくもりを感じるように手を乗せます。
③ ゆっくり肩や背中をやさしくなでます。しばらくおこないます。
④ 交代します。

第3章

自分の強みを見つけていかそう

強みってことばから、どんなイメージを思いうかべるかな？
足が速いとか、かわいいとか、頭がいいとかかな？
自分がなに気なくしたことを、まわりからほめられた
経験はない？ そのとき、きみはきみの強みを
発揮しているかもしれないよ。自分の強みを
じょうずにつかえば、自分らしくいられるようになるんだ。
第3章では、自分の強みを見つけて、
それをじょうずにつかう方法を身につけるよ。

17 足はおそいし、背も高くない。とりえなんてなんにもないよ

■強みとその種類について知る

「強み」ということばを聞いたことはあるかな？
「長所」「とりえ」「もち味」「よいところ」とも言いかえられる。
足が速い、背が高い、かわいい、っていうのも強みかもしれない。
でも、ここでの強みはそうした目に見えるとくちょうではなくて、
考え方や性格的なとくちょうのことをいうんだ。
たとえば、好奇心や思いやり、ユーモア。
もし、きみがおもしろいことを考えるのが好きで、
「友だちをどうやって笑顔にさせるか？」を考えてしまうとしたら、
きみの強みは「ユーモア」なんだ。
強みをいかすと、きみのエネルギーがどんどんわき起こるってくるよ。
そして、きみだけじゃなく、まわりの人もハッピーにできるんだ！

第3章　自分の強みを見つけていかそう

ワーク　24の強みリスト

強みにはおもに24の種類があるよ。どんな強みがあるか見てみよう。124ページで「強み」のくわしい説明をしているからあわせて読んでみよう。

好奇心	学ぶ意欲	創造性・独創性	全体を見わたす力	やわらかい頭
誠実さ	熱意	忍耐力	勇敢さ	愛情
対人関係力	思いやり	公平さ	チームワーク	リーダーシップ
広い心・ゆるす心	自制心	思慮深さ	つつしみ深さ・謙虚さ	感謝する心
希望	美的センス	見えない力を信じる心	ユーモア	

大人の方へ　「強み」とは、さまざまな社会や文化において、美徳として認められ、大切なものとして考えられてきたポジティブな気質のことです。自分の強みを自覚し、積極的に生かしていくことで、自信や自尊心、生きようとする意志、幸福感、充足感などが高まり、目標を達成しやすくなったり、ストレスを感じにくくなるなどの効果があるといわれています。

いいなあ。友だちみたいになりたい

■自分の強みを見つける

ものおじしないタロウくん。
こないだも一輪車に挑戦してた。
それにくらべて、ぼくはこわがりで、すぐにできないって思っちゃう。
タロウくんはいいなぁ。
タロウくんみたいになりたいなぁ……。
きみは、お友だちのことがうらやましいと思ったことはない？
自分に強みなんてないよって思う？
だいじょうぶ。きみにも強みはかならずある。
タロウくんもじつはきみのことを
うらやましいと思っているかもしれないよ！
さあ、きみの強みを見つけよう！

第3章　自分の強みを見つけていかそう

ワーク　自分の強みを見つける

1 45ページで紹介した「24の強みリスト」から、自分にあてはまると思う強みを選ぼう。

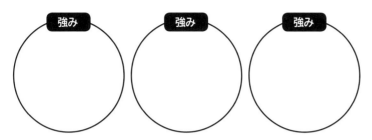

「この強みを発揮しているときの自分が好き！」というのを選ぶといいよ。3つくらい選んでみよう。

2 どんなエピソードがある？

_____なとき、

_____してみたら

_____と感じた。

その強みをいかしたときのエピソードや、そのときのきみの気もちを思い出してみよう。

3 きみが選んだ強みを、自分なりのことばにおきかえてみよう。

（例）わからないことはとことんわかりたくなっちゃう。

きみがその「強み」を、自信をもって自分の強みだと感じられることがだいじ。そのままでしっくりきたり、おきかえることばが思いつかなかったりするようなら、そのままでだいじょうぶ！

「24の強み」を手がかりにしながら、子どもの「うまくできていないこと」より、「うまくできていること」に注目して子どもの様子を観察してみてください。子どもの強みに気づいても、一方的にそれを押しつけず、「○○のときはどう感じた？」などと問いかけながら、子ども自身がその強みに気づけるように促しましょう。

47

ポジティブトレーニング 19 「やさしいね」って言われた。え？ そんなことで？

■自分の強みのレパートリーを増やす

公園で体の大きな子たちにかこまれて、
泣きそうな顔をしている男の子を発見。
ぼくは「こわがっているんだからやめなよ」って言って
男の子を助けてあげた。
そしたら友だちに「やさしくて勇気あるね」って感心されたんだ。
あたりまえのことをしただけなのに？
きみができてあたり前だと思っていることは、
じつは、ほかの人にはマネできないきみの「強み」かもしれない。
友だちやお父さん、お母さん、学校の先生などは、
きみがまだ知らないきみの「強み」を知っている。
さっそく教えてもらおう！ さらにパワーアップできるよ。

第3章　自分の強みを見つけていかそう

ワーク　インタビューで自分の強み発見

1 45ページの「24の強みリスト」を見せながら、きみのことをよく知っていて、強みを教えてくれそうな大人の人をなん人か選んで、インタビューしてみよう。

2 インタビューで発見したことを整理してみよう。

①きみが選んだ強みと、教えてもらった強みは同じだった？　それともちがってた？

　　☐ いっしょだった　　☐ ちがっていた

②強みを教えてもらって、どんなことに気づいた？

③きみのお気に入りに加えたい強みはあった？

「なるほど！」「そうなんだ！」「気づかなかった！」と思ったことを考えてみよう。

大人の方へ　どんな子どもにもかならず強みがあります。周りが教える強みは、子どもが自分で予想していた強みと同じ場合も、異なる場合もあるでしょう。同じならば、周囲にもその強みが伝わっている証拠ですし、異なっていたら新しい強みが増えたことになります。「24の強み」を常に意識しながら、子どもの様子や言動に気を配り、強みが発揮された瞬間を積極的に伝えましょう。

ポジティブトレーニング 20 自己紹介。なにを話したらいいの？

■強みのことばを使って自分をブランド化する

きみは自己紹介するときに、なんて言うかな？
自分の名前はもちろん、ニックネーム（あだ名）や
好きなもの・きらいなものについて話すかもしれない。
でも、なにを話せばいいかこまるときもあるよね……。
自己紹介は、きみのことを
もっとくわしくわかってもらえるチャンス！
せっかくだから、きみの強みを紹介したらどうだろう？
きみにはどんな強みがある？
その強みはどんなものや動物にたとえられる？
その強みをもつきみは、まわりをどんなふうにしあわせにできる？
強みを使ってどんな自己紹介ができるか考えてみよう。

第3章　自分の強みを見つけていかそう

ワーク　自分の強みで自己紹介

自分の強みをなにかにたとえて表現してみよう。

①ぼく／わたしの強みは？

（例）思慮深さ

強み

②具体的には？

（例）ものごとをじっくり考えてから答えを出す／
　　ゆっくり考えるのですぐに意見が言えないこともある

得意なことと苦手なこと、両方考えてみよう。

③ぼく／わたしの強みはどんなふうに人の役に立つ？

（例）友だちから相談を受けたときはいっしょにじっくり考えられる

④そんな強みをなにかにたとえてみると？

（例）カメ

車だったら？　動物だったら？　食べものだったら？　などなんでもいいよ。

⑤そんな自分のキャッチコピーは？

（例）ゆっくり屋さんのカメ

⑥絵にかいてみよう

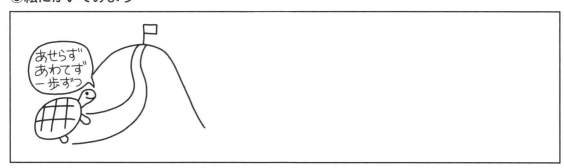

大人の方へ　強みをもとに自己紹介を考える目的は、自分がどんな人間であり、どんなところがユニークなのかを明確化することにあります。自分を好きになればなるほど、個人的な幸福度が上がることが知られています。このワークは1人でやるには難しいかもしれません。ぜひ一緒に子どもの発想を引き出しながら、その子の強みを引き立てる工夫を考えてみてください。

51

21 赤信号。思いきってわたったら車がきちゃった！

■強みの黄金ルールを知る

きみがもし、大ケガをするかもしれないようなキケンな場面で
「勇敢（ゆうかん）さ」という強みをつかってしまったらどうなる？
きっと大変なことになってしまうよね。
赤信号の交差点をわたっちゃったら、
自動車にひかれて大けがをしてしまうかもしれない。
きみの強みはつかい方をまちがえると、
きみ自身をきずつけてしまうかもしれないし、
まわりの人にめいわくをかけてしまうかもしれない。
強みは、どんなときにどんなふうにつかえばいいのかな？
強みのただしいつかい方を考えてみよう！

第3章　自分の強みを見つけていかそう

ワーク　強みのじょうずなつかい方・へたくそなつかい方

1 強みはどんなふうにつかったらよいと思う？「じょうずなつかい方」だと思ったら○を、「へたくそなつかい方」だと思ったら×を書こう。

〈笑いを大切にする〉
笑いや遊び心を大切にする。人を笑わせたり、おもしろいことを考えたりするのが好き。いろいろな場面で明るい面を見ようとする

○×	場　面
	みんながたのしめる方法を提案しようとする
	しかられているときに遊び半分でふざける
	人のわる口をいって笑いをとろうとする
	落ちこんでいる人を笑いではげまそうとする
	だれかにおもしろいことを言わせようとする

2 ぼく・わたしの強みを１つ選んで、「じょうずなつかい方」と「へたくそなつかい方」を考えてみよう。

選んだ強み →

（例）対人関係

友だちと遊んでいるとき、勉強してるとき、お家でお手伝いをしているとき、きみの強みにはどんなじょうずな／へたくそなつかい方があるかな？

じょうずなつかい方	へたくそなつかい方
（例）友だちと相談して、遊ぶ日などを決める	（例）友だちが勉強に集中しているのに遊びの話をする

大人の方へ　強みは「意識的かつ積極的に活用した方がよい」とされています。ただし、「思いやり」という強みも使い方を間違えれば、ただの「おせっかい」になってしまうように、強みには使い方のルールがあります。「適切な強みを、適切なときに、適切な方法、適切な程度で使う」ことが大切です。子どもと一緒に強みの上手な使い方を考え、その活用を勇気づけていきましょう。

いつもノリのわるい子が いてイライラしちゃう

■人はそれぞれちがう強みをもっていることに気づく

ヒカルちゃんは「なんか失敗しそう」って言って
いつもみんなの足を引っぱるんだよね。
そんなのやってみないとわからないじゃん！
きみにはきみの強みがある。
でも、ヒカルちゃんはヒカルちゃんの強みを
いかしてるのかもしれないよ。
みんなが同じ強みを持っているとはかぎらないんだ。
人はそれぞれちがう強みをもっているんだ。
人の強みをみとめることができれば、
いろんな人となかよくなれるし、
きみがこまったときに助けてくれるかも。

第3章　自分の強みを見つけていかそう

ワーク　まわりの人の強みを見つけよう

1 むかし話「桃太郎」を読んで、桃太郎、イヌ、サル、キジの強みを考えてみよう。

桃太郎	（例）リーダーシップ
イヌ	
サル	
キジ	

> 強みはいくつもあるかもしれない。しっかりとお話を読んで考えてみよう。なぜそれが強みだと思うか、その理由も考えてみよう。

2 お友だちやお父さん、お母さんなど、まわりの人たちのいろんな強みを見つけて伝えてみよう。

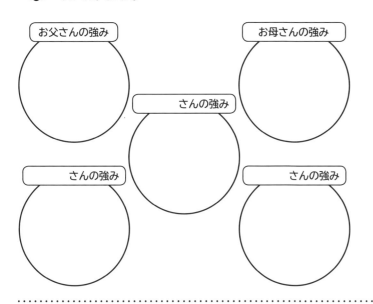

- 強みを見つけたらその場ですぐに伝えよう。
- ニコッとした顔で心をこめて伝えよう。
- 「すごい！」「さすが！」「すばらしい！」などのことばをそえよう。
- どこがすごいと思ったのか、具体的に伝えよう。
- まわりの人にしてもらってうれしかったことがあれば、「ありがとう」の気もちも伝えよう。

子どもは自分の視点からだけで物事を理解する傾向があります。これを「自己中心性バイアス」と呼びます。「みんなは自分と同じではない」ということもまた学んでいく必要があります。まずは大人が周囲の良いところ探しの手本を示してあげることで、子どもも他者の強みの多様性を認めることができるようになっていきます。

やさしくしたいのに ちょっかいを出しちゃう

■自分のロールモデルを見つける

アキちゃんともっとなかよくなりたい。
でも、ついついちょっかいを出しちゃうんだ。
なやんでいるときは、やさしく話を聞いてあげるべきってわかってる。
でも、どうしてもじょうだん半分でからかって、おこらせちゃう。
それで、あとからとってもざんねんな気もちになるんだ。
そんなとき、きみがもっている強みをどのようにつかえばいいだろう。
ひとりではなかなか思いつかないことも多いよね。
きっといろんなつかい方があるだろうし、
きみが気づかないつかい方もあるだろう。
きみがつかいたい強みをじょうずにつかっている人を見つけて
その人をマネることからはじめてみよう。

第3章　自分の強みを見つけていかそう

ワーク　強みのロールモデル

きみがもっとじょうずに使ってみたい強みを1つ挙げてみよう。そして、それをじょうずに使っている人を見つけるんだ。お友だちでもいいし、お父さん・お母さん、おじいちゃん・おばあちゃん、学校や習いごとの先生、近所のおじさんやおばさんでもいいよ。その人がどのように強みを使っているのかをじっくり見て、そのコツを整理してみよう。

「1日1つは見つけよう！」とか「1週間に1つは見つけよう」とか目標を決めてみるといいね。ほかの強みでも試してみよう。ちなみに、ノートをつくって書き残しておくと、あとから役立つよ。あと、せっかく見つけた強みのじょうずな使い方はぜひ自分でも試してみよう。うまくいくときもあるし、うまくいかないときもある。いつも「どうすればもっとうまくできるようになるか？」を考えるようにしよう！

だれが	（例）お友だちのヒロトくんが
どんなときに	（例）にもつが重すぎてこまっているヒナタくんを見かけて
どうした	（例）「手伝うよ」といって、いっしょに教室まではこんだ
どうなった	（例）ヒナタくんは笑顔で「ありがとう！」と言った
その人がもっている強み	（例）思いやり
どんなところをマネてみたいと思った？	

大人の方へ　強みの上手な使い方は学ぶ必要があります。学ぶことは真似ることから始まります。まずは、手本となる人の様子をよく観察させ、そのなかで子どもが真似をしたいと思うところを見つけられるように働きかけましょう。そして、実践してみるように促すことが大事です。最終的には自分で考え、自分なりの上手な使い方を編み出せるようになることが目標です。

57

コラム ❸

自分の強みを
みんなにみとめてもらおう

　はじめは、だれでも自分にどんな強みがあるかなんてわからない。それに、ふだんは、調子に乗りすぎてしかられたとか、勉強や運動がうまくいかなくて落ちこんだとか、「うまくできていないこと」のほうが気になっちゃうよね。

　ぜひ、きみが「うまくできていること」に注目してみよう。そして、「なんでうまくできたのか？」を考えてほしい。そうすると、そこから自分の強みを見つけ出すことができるよ。

　でも、それは自分だけが気づいた強み。せっかく自分の強みに気づいたのに、まわりの人は知らないんだ。さらに、まわりの人は気づいているのに自分は知らない強みもあるかも知れない。これってもったいないって思わない？　きみの強みをいかせるチャンスが減っちゃうんだ。

　だいじなことは、自分もまわりの人もみんながみとめてくれるきみの強みを増やして、じょうずなつかい方をマスターすることなんだ。そのためには、きみの強みをみんなにわかってもらわなければいけないし、まわりの人からのアドバイスもすなおに聞く必要がある。

　みんながみとめてくれる強みをじょうずにつかえれば、自分のことがますます好きになれるし、自信をもつことだってできる。毎日の生活がイキイキするんだ！　きみにはぜひ、自分の強みを見つけて、その強みをじょうずにつかうことで、毎日をたのしんでほしい。

第**4**章

挑戦することを
たのしもう

夢中になってなにかをしているときって、
あっというまに時間がすぎるよね。
つまんない、むりだよって思うときは、
ちょっとの時間がぜんぜんすぎてくれない。
なにかに夢中になるとき、きみはグングンと成長するんだ。
第4章では、やる気が起きないときにやる気を出す方法、
自分の夢を見つけて、それをかなえるための
ステップをさがす方法、そして、夢中になって
その夢に挑戦する方法を身につけるよ。

24 …算数の授業がつまらない！

■夢中になれたことに意識を向ける

算数の授業ってよくわからないからつまんない。
はやく休み時間になってくれればいいのに。
友だちとサッカーしてるときは、
あっというまに時間がたっちゃうのになあ……。
好きなことやたのしいことをしていると「夢中」になれるから、
時間がたつのをわすれちゃうんだ。
時間をわすれるほど夢中になれるってすごいことだし、
すてきなことだよね。じつはそこにきみの成長の手がかりがある。
きみはどんなときに夢中になれる？
夢中になれることを見つけてみよう。

第4章　挑戦することをたのしもう

ワーク　夢中になれる自分さがし

きみが時間をわすれるくらいたのしくて、夢中になったことをこまかくおもい出してみよう。

いつのこと？	
なにをした？	
どんな顔をしていた？	
どんな気もちだった？	
どんなところがたのしかった？	
まわりのひとは協力やアドバイスをしてくれた？	
夢中になれた自分のことをどう思う？	

> テレビやゲーム以外で考えよう。できるだけたくさん思い出してみて。自分がどんなときに夢中になりやすいのかがわかってくるよ。

大人の方へ　夢中になれる体験を「フロー体験」といいます。行為自体が楽しく思え、難度がその子の能力に合っている必要があります。日常生活の中で、夢中になれる機会（フロー状態）が多く、その時間が長いほど、幸福感や充実感、創造性、生産性が高まるとされています。テレビやゲーム以外に、子どもが夢中になれる瞬間をぜひ注意深く観察し、その機会や時間を増やす方法を子どもと考えてみてください。

むずかしそう！こんなのむりだよ

■うしろ向きのマインドセットを変えて前向きになる

容積100リットルの空の水そうに水を、
　はじめに毎分10リットルの割合で10リットル、
　つぎに毎分12リットルの割合で20リットル、
　そのつぎに毎分14リットルの割合で30リットル、
　さいごに毎分16リットルの割合で40リットル
入れたところ、水そうがちょうどいっぱいになりました。
水そうがいっぱいになるまでにかかった時間は
（　ア　）分（　イ　）秒でした。
（ア）に当てはまる整数と、
（イ）に当てはまる帯分数を答えなさい。

（麻布中学校、2016年度より作成）

きょうの算数の授業はいきなりテスト!?　できるかな……。
「急にテストだなんてぜったいむり！」って悪魔が
うしろ向きのことばをささやいてる。でもよく耳をすますと、
「ぜったいだいじょうぶ！　やってみようよ！」
って、天使が前向きのことばでおうえんしてくれてるよ。
きみにささやくのは悪魔かな？　天使かな？
なんだって、はじめからうまくできる人のほうがすくないんだ。
悪魔がささやくと「できない理由」ばかりを考えちゃう。
むずかしいことに挑戦するときこそ
天使のささやきに耳をかたむけて
「できるようになる方法」を考えてみよう。

第4章　挑戦することをたのしもう

ワーク　悪魔のささやき・天使のささやき

えー！？　いきなり算数の授業でテストをやるんだって！　むずかしそう！
悪魔が「うしろ向きのことば」、天使が「前向きなことば」をきみにささやいたよ。
どんなことばだろう？

うしろ向きのことば

「できない理由」を
どんなふうに
ささやき、きみを
あきらめさせようと
するかな？

（例）きみにはむずかしすぎるよ
　　　文章問題は苦手でしょ？

前向きなことば

どんなことばを
かけてくれれば、
きみは勇気ややる気が
出るかな？

（例）まちがったってだいじょうぶ！　挑戦しがいのある
　　　問題だ！　まずは問題文をていねいに読んでみよう

いつもさいしょにきみの耳もとでささやくのは悪魔？　天使？　天使だったきみはその調子！　悪魔だったきみも心配しなくてオッケー。きみの耳もとにはかならず天使もいるよ！　天使のささやきをよく聞いて、「どうすればいいのか」考えて挑戦してみよう。だれかといっしょにやってみたり、助けてもらったりするのも、いい考えだ！

思春期にさしかかると、他人の目が気になりだし、他人と自分を比較しはじめます。失敗を恐れる「うしろ向き」のマインドセットは、やがて自分の能力には限界があるという認知につながります。「むずしいからこそ挑戦する」「失敗からも学ぶ」「能力は努力しだいで伸びる」という「前向きのマインドセット」をもてるように、子どもの挑戦と努力を勇気づける言葉がけやサポートを心がけましょう。

63

ポジティブトレーニング 26 友だちはすごいな。自分にはむりだよ

■自己効力感を育てる

きみができないさかあがりを、かんたんにできる友だちがいると「あの子はすごい」「自分にはできない」って思っちゃうよね。
新しいことやむずかしそうなことに挑戦するときってだれでも不安になったり、心配になったりするもの。
でも、きみは生まれたばかりの赤ちゃんを見たことがある？
とても小さくて、おしゃべりしたり、立って歩くこともできないね。
いまのきみにとってはあたりまえのことも、じつは成長してきた結果なんだ。きみは、これまでたくさんの「できた！」をつみ重ねて、ここにいる。そんな「できた！」の思い出を書き出してみよう。
それがこれからの「できる！」のパワーになっていくよ。

第4章　挑戦することをたのしもう

ワーク　「できる！」のパワー発見

1　小学生になってからできるようになったことを思い出して書き出そう。

（例）漢字が書けるようになった／とび箱がとべるようになった／友だちがたくさんできた

_____

_____

_____

> どんな小さなことでもいいよ！　まわりとくらべるのではなく「ちょっと前までできなかったのに、いまはできるようになった！」と思うことを書いてみよう。

2　できるようになって、なにか変わったことやよかったことを書こう。

_____

_____

ワーク　「できる！」のパワーアップ大作戦

自分の手形をえがいて、１週間でがんばってやろうと思うことを、手形の５本の指に１つずつ書いてみよう。できたら先生やお父さん・お母さんとハイタッチ！

（例）宿題をわすれずにする

> ちょっとがんばればできそうなことを書いてみよう。むずかしいことじゃなくていいよ！

大人の方へ　小さな成功体験の積み重ねが、「自分はやればできると思える力」（＝自己効力感）を育てることにつながります。ワーク①につまずいている場合、「１年生のときにはできなかったけれど、３年生になってからできるようになったことは？」など、子どもが具体的にイメージしやすいように声かけしましょう。ほかの子どもと比較するのでなく、その子どもにとっての成長にしっかりと目を向けてあげてみてください。

65

いまがたのしければそれでいいでしょ？

■最高の自分をイメージする

ゲームをやったり、マンガを読んだりしているときが最高にたのしい！
毎日ゲームばっかりやっていたい。もっとマンガを読みたい。
なんで勉強をしなくちゃいけないんだろう……。
きみは、自分の将来(しょうらい)について考えたことはある？
どんな大人(おとな)になって、どんなことをしているだろう？
将来の夢(ゆめ)や「なりたい自分」を思いえがければ、
目標ができて、元気が出たりしあわせな気もちになったりするんだ。
夢をかなえた自分をイメージしてみよう。
もし、夢をかなえた自分からアドバイスをもらえるとしたら、
どんなアドバイスをもらえるだろう。
はずかしがらずに思いっきり、夢をかなえた自分を思いえがこう！

第4章　挑戦することをたのしもう

 自分の夢をはっけん！

1 夢をかなえたきみのすがたをイメージしよう。

> なにもかもが思いどおりにすすんで、きみの夢がかなったときのことをイメージしてみよう。

夢をかなえた きみのすがた	（例）世界一くわしい昆虫博士！
どんな場所で くらしてるかな？	（例）自然がたくさんあって、昆虫をすぐに見つけられる場所
どんな人たちを 笑顔にしているかな？	（例）昆虫好きな人たちに昆虫のおもしろさを伝えている
どんな生活を おくっているかな？	（例）週末は昆虫さがし
どんな自分に なっているかな？	（例）昆虫の森や自然を大切にする人

2 夢をかなえたきみがいまのきみにアドバイスをくれた！
どんなアドバイスだったかな？　できるだけ具体的にかいてみよう。

（例）知らない昆虫を見つけたら、スケッチしたり、標本をつくったりしてごらん。

_____

_____

_____

_____

> 夢をかなえたきみは、いまのきみに、どんなことに挑戦したり、努力したりしておいたほうがいいって言ってくれるだろう。どんなふうに勇気づけてくれるだろう？　夢をかなえたきみになりきって、手紙を書いてみてもいいね。

 子どもは「将来」を考えることが苦手です。しかし、「最高の自分」を鮮明に描けると、人生における優先順位と目標が明確になって、楽観性と幸福感が高まるといわれています。「どうなれば、もっと幸せになれそう？」「たとえば？」「ほかには？」「将来のあなたは、いまのあなたとどう違ってる？」など、子どもが自分の理想像を具体的にイメージできるような問いかけをたくさん投げかけてあげましょう。

67

夢があっても かなえ方がわからない

■目標を具体化・細分化する

きみの夢は、トップアイドル？　総理大臣？
それともメジャーリーガー？　どんな夢だってもつことができる。
でも、夢はかなえなければ夢のまま。
大きな夢ほどかなえるのもむずかしい。
どうやったら夢がかなうのかがわからないと、
せっかくの夢もしぼんじゃうし、やる気もなくなっちゃうよね。
まずは夢に向かって小さな目標を立てよう。
そして、それを1つずつ達成していこう。
夢はその先にあるいちばん大きな目標だ。
「すこしむずかしいけれど、がんばればできそう」な
目標を立てるのがこつだよ！

ワーク 夢達成ロードマップ

① きみが3年後くらいにかなえたい 夢（＝いちばん大きな目標）を書こう。
② ①で書いた 夢 を〈図A〉の真ん中に入れよう。その夢をかなえるためにだいじだと思うことを〈図A〉の ❶～❹ に書き出そう。
③ ②で書いたことを達成するためには、さらにどうしたらいいだろう？ 〈図A〉の ❶ に書いたことを〈図B〉の真ん中に書き入れよう。それを達成するためにだいじだと思うことを〈図B〉の 1 、 2 に書き出そう。
④ 〈図C〉～〈図E〉にも、②、③と同じように書き出そう。

（例）ダンスの全国大会で優勝する

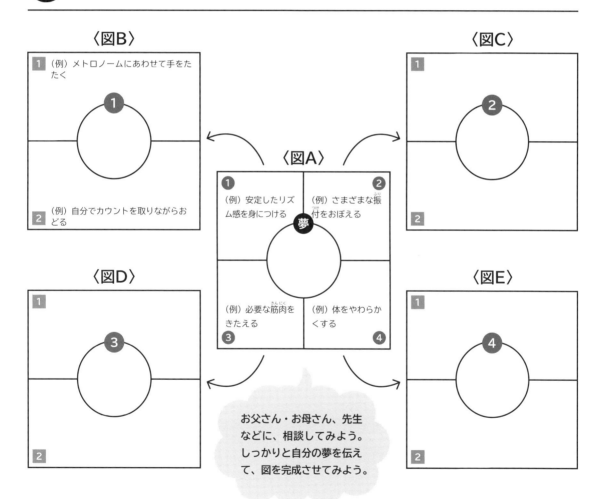

お父さん・お母さん、先生などに、相談してみよう。しっかりと自分の夢を伝えて、図を完成させてみよう。

目標は高く、大きいほどよいと思いがちですが、実際には自分の能力をわずかに上回る程度の目標を立てて、挑戦をくり返したほうが良い結果が得られます。「夢を達成するためには何をすればいい？」「それができるようになるためにはどうすればいい？」などと問いかけて、目標をどんどん細かく、明確にしていき、「少しむずかしいけれど、がんばればできそう」と子どもが感じられる程度の目標にまで導きましょう。

どうしてもやる気が起きない

■外発的動機づけを使いこなす

夏休みの宿題がたくさんあるけどやりたくない……。
やらなきゃいけないのはわかってるけど、もっと遊びたい。
きょうのぶんはあしたやればいっか……。
そう思ってるうちに夏休みもあと少し。まずい！
そうなってこまるのは自分だよね？
イチロー選手はヒットを打つために、
いつもおなじ動きをしてからバッターボックスに入ってるんだって。
きみも、めんどくさいことをしなくちゃいけないときは
自分なりの「決めごと」をしてから取り組んでみよう。
それがきみの「やる気のスイッチ」になるんだ！
さいしょは少しずつでいいから、つづけることがだいじだよ。

第4章　挑戦することをたのしもう

ワーク 「やる気のスイッチ」で習慣づくり

①「やりたくないけどやらなければいけないこと」を1つ書き出してみよう。

②きみのオリジナルな「やる気のスイッチ」をつくろう。

時間を決めよう	（例）毎日17時から30分間やる
場所を決めよう	（例）リビングの机(つくえ)でやる、自分の部屋でやる
範囲(はんい)を決めよう	（例）毎日ドリル帳を2ページする
かならずはじめに やることを決めよう	（例）鉛筆(えんぴつ)を削(けず)る
やり終えたあとの ごほうびを決めよう	（例）30分間マンガを読む

③②でつくった「やる気のスイッチ」で①をやってみよう。終わったら、自分にごほうびをあげよう。

大人の方へ　やる気のスイッチとは、アメ（＝報酬）とムチ（＝罰）を原理とした外発的な動機づけによる習慣づくりのことです。すべてが予定通りにいかなくても、努力したことはしっかりと認め、その分だけアメを与えます。物質的な報酬よりも、できれば精神的な報酬（努力を認めてあげるなど）が望ましいですが、努力すればすぐに報酬となって返ってくるようにすることが、やる気スイッチを育てるポイントです。

71

がんばっているのに
どうしてもうまくいかない

■解決志向の発想を身につける

「わすれないように！」って思って準備してたのに、
けっきょくお家の玄関にわすれて先生にしかられちゃった……。
どうしてぼくはわすれちゃんだろう？ なにがわるいんだろう？
ぼくがちゃんとやっていないからダメなんだ。
きっとぼくにはむりなんだって思っちゃうよね。
でも、そんなふうに自分をせめるのはやめて、
「どうすればわすれものをしなくなるのか」を考えてみよう。
いつもわすれものをしているわけではないんじゃない？
わすれものをしなかったとき、きみはどうしてた？
もっとわすれものをしなくなるために、なにができそう？
まずは、いろんなアイデアを出してみよう！

第4章　挑戦することをたのしもう

ワーク　〇〇〇〇でこまりごと解決！

1 きみがいまうまくいかなくてこまっていることはなにかな？　どんなふうになったらいいと思う？

●うまくいかなくてこまっていること

（例）わすれものが多く、先生にしかられる。

●こんなふうになったらいいな

（例）先生に「わすれものしなくなったね」とほめられたい。

2 「こんなふうになったらいいな」に近づく方法を考えよう。

●どうしたらよさそうか、思いつくままに挙げてみよう。

（例）もちものチェックリストをつくる。

_____

_____

_____

_____

_____

> お父さん・お母さん、お友だちなどからもアイデアを募集しよう。

●上で挙げたなかから、どれをやればよいか考えて選ぼう。

（例）まずは、もちものチェックリストをつくることからはじめる！

問題にとらわれてしまうと、焦ったり落ち込んだりしてしまい、解決志向に頭を切り替えることが難しくなります。大人にとってはささいな問題でも子どもにとっては深刻なのです。解決策を一緒に考えながら、本人が自分の力で気づき、解決に向けて歩み出せるようにサポートしてあげてみてください。その経験の積み重ねが解決志向的発想の獲得につながります。

73

コラム ❹

「たのしむ心」をわすれずにいよう

　学問でもスポーツでも音楽でも、なにかで一流のプロになるためには、「10年で1万時間」の勉強やトレーニングが必要だっていわれているんだ。1日およそ3時間！　しかも、それを10年間休まずつづけるなんて気が遠くなりそう！

　みんな、どうしてそんなにがんばれるんだろう？　理由はかんたん。「好きだから」「たのしいから」なんだ！　もちろん、うまくいかないこともあるし、失敗してしまうこともある。つらいことやくやしいことだってあるだろう。

　でも、そんなときにも「たのしむ心」はわすれない。そして、目標を達成するよろこびや手ごたえを感じ、それをよろこんでくれるまわりの人びとの笑顔を見れば、「もう一度！」「もっともっと！」っていう気もちがふしぎとわき起こってくるんだ。「苦たのしい！」（苦しいけどたのしい！）って感じかな。

　1日3時間ってすごく長いけど、時間がたつのもわすれるくらいうちこめることならどう？　いつのまにか時間がすぎちゃうんだから、意外とみじかく感じるかも。どんなときも「たのしむ心」をわすれずに、「どうしたらもっとたのしくやれるだろう？」「ほかにもっといいやり方はないかな？」って考えてみれば、できそうな気がしてこない？　つらいことも苦しいことも、失敗すらもぜんぶたのしんじゃおう！

　1日は24時間しかない。でも、おもしろいことは世の中にはたくさんあるんだ。きみはなにをしてみたい？　さあ「苦たのしい」挑戦の旅に出かけよう。

第5章 すてきな人間関係を育てよう

しあわせな人生を送るためには、
まわりの人とよい関係をつくることが大切だ。
「どうせひとりぼっちだよ」って思えば、つらくなっちゃうけど、
あたたかい家族やなかよしの友だちがいれば、
なんとか乗り越えられる。けんかをすることもあるけれど、
もっとなかよくなれる方法だってあるんだ。
第5章では、自分を支えてくれている人びとを見つけて、
その人たちとすてきな人間関係を育てる方法を身につけるよ。

31 どうせ味方してくれる人なんていないよ

■支えてくれる人の存在に気づく

友だちと大げんかしちゃった。
グループの友だちも味方してくれなかった。
なんだかひとりぼっちの気分……。
「どうして自分だけ」「だれもわかってくれない！」
なんて思うこと、ないかな？
でもね。そんなときだって、きみのまわりには、
いっしょにかなしんだり心配したりしてくれる人がいるんだよ。
いつもはあたりまえすぎて考えたこともないけれど、
きみのまわりにはきみをおうえんしてくれる人がたくさんいるんだ。
「ひとりぼっちじゃない」ことに気がつくと、
なんだかあたたかい気もちになるね。

第5章　すてきな人間関係を育てよう

ワーク　ぼく・わたしのおうえん団

きみをおうえんしてくれる人を思い出して書いてみよう。円の中心には自分の似顔絵をかこう。

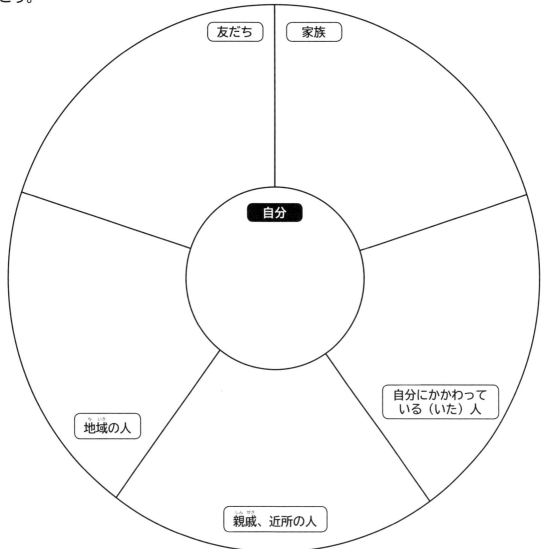

おうえんしてくれる人なんていないって思ってるきみ。それってほんとう？　毎日のご飯はだれがつくってくれる？　街の安全を守ってくれているのはだれ？　こまったときに相談にのってくれる人はだれ？　少なくてもたくさんでもいいよ。きみが大切だと思う人やきみを支えてくれていると思う人の名前を書いてみよう。

身近にいる、あたたかく、信頼できる人とのつながりは、人生を豊かにするだけはなく、困難や逆境から立ち直る際に重要であることがわかっています。いろいろな人が自分を応援してくれているのだと気づくことで、つながりを感じることができます。自分には支えてくれる人がいないと考える子どもには、その気もちを受け止めながらも、地域や学校で支えてくれる人の存在に目を向けられるように問いかけます。

32 「ありがとう」と言われてとってもうれしかった！

■感謝の気もちについて知る

このまえ、ごみ出しのお手伝いをしたら、
「ありがとう」と言われて、とってもうれしかった。
バスからおりるとき、
運転手さんに「ありがとうございます」と言ったら
運転手さんも笑顔でこたえてくれた。わたしも笑顔になった。
「ありがとう」と言ったり、
言われたりすることはきみをしあわせにする。
親切にしてもらったり、うれしいことをしてもらったりしたら、
きみも「ありがとう」と伝えてみよう。
「ありがとう」はきみも、まわりの人もしあわせにして
もっとなかよくなる「きずなの魔法」をかけるんだ。

| 第5章 | すてきな人間関係を育てよう |

ワーク 「ありがとう」の手紙

1 「ありがとう」を伝えたい人に手紙を書こう。

> どんなことがうれしかった？ どんなことがきみの助けになったかな？

_____
_____
_____
_____
_____
_____
_____
_____
_____

2 心をこめて書いた「ありがとう」の手紙を、その人の前でゆっくりと読んでみよう。

> きみはどんな気もちになるかな？ その人はどんなふうになるかな？

心理学者のソニア・リュボミアスキー博士は、感謝の気もちは、ネガティブ感情になることを防ぎ、自尊心を高めたり、人間関係を育んだり、好ましくない社会的比較をする傾向を低減させたりするなどして、結果的に人の幸福感を高めると述べています。また、感謝の気もちは、自分を支えてくれる人がいることに気づかせてくれます。良好な人間関係を築き幸せな人生を送るために、感謝の気もちは欠かせないのです。

33 親切にされるとなんだか自分も親切にしたくなる

■親切は連鎖することを知る

となりの席のアキコさんが消しゴムをわすれてこまっているみたい。
ちょっとまよったけど、「つかっていいよ」って言ってかしてあげた。
アキコさんは「ありがとう！」と言ってくれた。
つぎの日、こんどはぼくが赤ペンをわすれた。
こまっていたら、アキコさんが「つかっていいよ」って言って、
赤ペンをかしてくれた。
だれかの役に立ちたいと思って、
その人のために行動することを「親切」という。
勇気を出して、さいしょにきみがだれかに親切にすると、
その人はきみやほかのだれかに親切をかえしてくれるよ。

第5章　すてきな人間関係を育てよう

ワーク　親切のブーメラン

つぎのマンガを読んで考えてみよう。

①親切にした人はどんな気もちだったと思う？
②親切にされた人はどんな気もちだったと思う？
③なぜ「親切のブーメラン」というタイトルがついているんだろう？
④上のイラストを見てきみはどうしたいと思った？
⑤友だちや家族、地域の人にどんな親切ができるかな？　できることをやってみよう。

人に親切にすると、相手の幸福感を高めるだけでなく、親切にした本人の幸福感も高めます。親切はお互いにとってポジティブな影響があるのです。また、だれかから親切を受けると、その親切をほかのだれかにも還元したいと思う気もちが芽生え、それが結果として社会的つながりを育てていくことになります。どんな小さな親切でも、それをした子どもには声をかけ、まわりを幸せにしていることを伝えましょう。

34 友だちがとってもうれしそうに話しかけてきた

■能動的で建設的な反応をする

クラスのニナちゃんに、遊園地に行った話をしたら、
「たのしいよね！　なにに乗ったの？」
って聞かれて話がもりあがった！
うれしいことやうまくいったことがあったときって、
はやくだれかに聞いてもらいたくなるよね!?
うれしいことを話すときってとってもワクワクするよね!?
相手にもワクワクしてもらえたらもっとうれしいよね!?
友だちや家族がうれしそうに話をしてくれたときは、
いっしょにワクワクして、話をもっともりあげよう！

第5章　すてきな人間関係を育てよう

ワーク　もっとなかよくなれる「ワクワクの反応」はどれ？

友だちがうれしそうに話しかけてきたよ。話がいちばんもりあがる「ワクワクの反応」はどれ？

こんど、ディズニーランドに行くんだ！

ワクワク！	「よかったね!!　うれしいよね！　ディズニーランドでなにするの？」と興味をもって笑顔でワクワクして聞く。
元気ナシ	「へ～よかったね」と無表情でしっかり聞いていない様子で聞く。
ぶちこわし	「ディズニーなんてうれしいの？　たのしくないじゃん」とうれしい出来事がよくないような反応をする。
しらんぷり	「そういえば、昨日新しいゲームを買ってもらったんだ！」と相手の話とはまったく関係のないことを言ったり、どこか別の場所へ行ってしまう。

ワーク　「ワクワクの反応」の3ステップをマスターしよう

友だちがうれしいことを話してくれたら……

- ステップ① うけ取る　　よかったね！　いいね！　と言ってみよう。
- ステップ② 想像する　　相手のうれしいきもちを想像して伝えよう。
- ステップ③ かえす　　　質問してみよう。

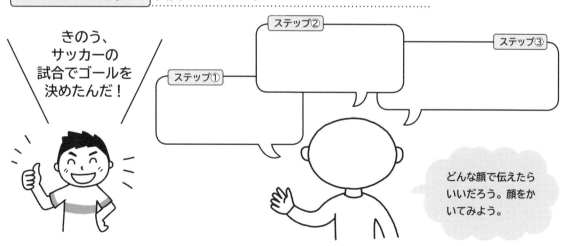

きのう、サッカーの試合でゴールを決めたんだ！

どんな顔で伝えたらいいだろう。顔をかいてみよう。

大人の方へ　相手からポジティブな知らせを受けたとき、その知らせを受容し、能動的、建設的に反応（「ワクワクの反応」）をすることで、相手との良好な関係を築くことができます。さらに、「ワクワクの反応」をするたびにその関係が強まります。まずは、大人が子どもの話に「ワクワクの反応」を示すことで、子どもにその効果を伝えます。

35 友だちと考え方や好みがちがいすぎる

ポジティブ
トレーニング

■それぞれの同じところ・ちがうところをさがす

きょうはいい天気！　外で遊びたい！
でも、山田さんは本を読みたいんだって。
なんかへんなの！
友だちときみとでは、見た目も性格（せいかく）もちがう。
好きなことや好きなものもちがう。
得意（とくい）なことやにがてなこともちがう。
どんなときにどれくらいうれしいか、かなしいかだってちがうはず。
どっちがよいか・わるいか、ただしいか・まちがっているかじゃない。
みんなそれぞれちがっていい。
ちがうってことは、すてきなことなんだ。

第5章　すてきな人間関係を育てよう

ワーク　同じところさがし・ちがうところさがし

3人1組になって、きみと友だちの同じところ・ちがうところをさがそう。同じところは円の重なっているところに、ちがうところはそれぞれの円に書こう。

- 2つの円が重なっているところ＝2人が同じところ
- 3つの円が重なっているところ＝3人とも同じところ

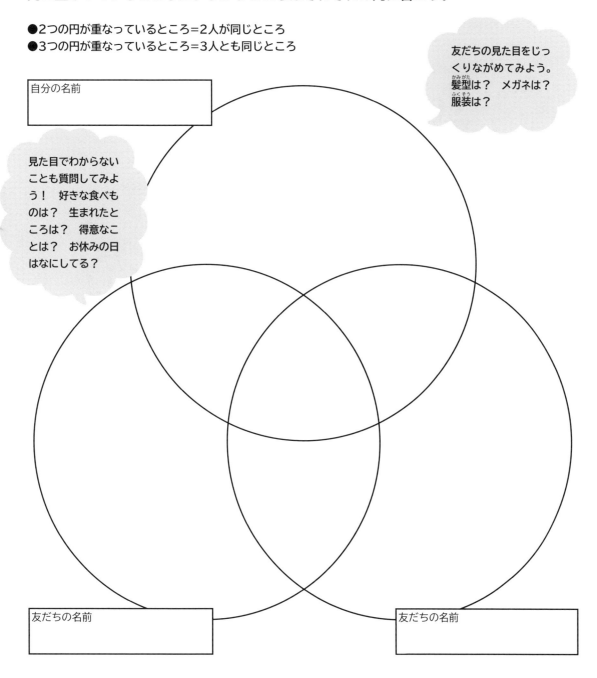

大人の方へ　他人は自分とは違う価値観や考えをもっていること、違いは尊重しなければならないことを学びます。たとえ気に入らない人がいたとしても、その違いを尊重し、共存しなければならないこともあります。それぞれの違いを尊重するために、他人と自分とは、同じところと違うところがあるということを知ることが第一歩です。

36 またオニにされちゃった……。ガマンしなきゃいけないの?

■いやなことがあったときの心の反応(はんのう)を知る

たのしいんだけど、いつも「きみがオニね」って言われるんだ。
いつもオニなんてほんとうはいやだ。
でも、友だちだからガマンしないといけないの?
それとも「いつもオニなんていやだよ！ お前がやれよ！」
って強く言い返した方がいいのかな?
でも、そんなことしたらケンカになっちゃいそう。
いやなことを言われたり、されたりしたとき、
相手はどんな気もちなのか、どんなふうに考えているのかを知って
どうしたら、おたがいにいやな気もちにならないですむか
どうしたら、おたがいにハッピーになれるか考えることがだいじだよ。

第5章　すてきな人間関係を育てよう

ワーク　いやなことがあったときの心の反応3タイプ

●サメタイプ

なにがなんでも、自分の思いどおりにするんだ！

ほかの人をきずつけても自分の思いどおりにしようとする

↓

オニはやだ、おまえやれよ!!

…お前がやれ！

●貝タイプ

あなたの言うとおりにします。けんかしたくないし。

友だちをうしないたくないし、けんかもいやだから、自分の思いを伝えられない

↓

またオニにされちゃった。いやだけどしかたないか。

またか…

●イルカタイプ

おたがいがハッピーになる方法をいっしょにさがしたいな。

おたがいにとってよい方法で解決（かいけつ）したいと思っている

↓

オニはジャンケンで決めよう。

ジャンケンで決めよう

●どのタイプなら、みんながハッピーになれそう？

| | タイプなら、みんなハッピーになりそう。

なぜなら、| | だから。

子ども同士のもめごとは日常的に起こります。多くは自分の思い通りにならなかったり、意見が違って怒りを感じたりすることからけんかに発展していきます。攻撃的に相手を言い負かしたり、反対に何も言えずに相手に合わせてしまったりします。トラブルをうまく解決するために、お互いの意見や考えを知り、みんなが満足いく解決策を見つけることができることを伝えます。

けんかしたときどうしたら なかなおりできるんだろう

■ウィンウィン解決法で意見のちがいを乗り越える

けんかになったとき、きみはどのタイプになる？
イルカタイプ？　貝タイプ？　それともサメタイプ？
友だちと大げんかになっちゃうと、
おこったり、かなしくなったり、不安になったりする。
もう友だちじゃない、大きらいって思うかもしれない。
どうしたらなかなおりできるだろう？
きみの意見も、相手の意見も大切にして
おたがいにハッピーになれる解決方法を見つけよう。
それを「ウィンウィン解決法」というよ。
言いあらそいやけんかをうまく乗り越えられれば、
もっとなかよくなれるよ！

第5章　すてきな人間関係を育てよう

ワーク 「ウィンウィン解決法」のめいろ

けんか発生！　どうしたらおたがいハッピーになれるかな？
めいろをたどって「ウィンウィン解決」にたどりつこう！

けんかになったとき、どうする？
- どなって自分の思いどおりにする
- だまって相手にしたがう
- 深呼吸して落ちつく

相手がどうしたいかを
- しっかり聞く
- 聞くふりをする
- そんなのムシ！

自分がどうしたいかを
- 「言ってもしょうがない」と思い言わない
- 落ちついて言う

その後どうする？
- 相手の考えと自分の考えを合わせて、どうしたらよいかを考える
- 自分の考えをおしとおす

考えたけど、どうしたらよいかわからないとき、どうする？
- まわりの大人に相談する
- あきらめる

ざんねん！もう一度考えてみよう！

ざんねん！もう一度考えてみよう！

みんながハッピー ウィンウィン解決

①けんかになったら、まず「ストップ！」といって、深呼吸する。
②「相手の気もち」と「どうしたいか」を相手から聞く。
③「自分の気もち」と「どうしたいか」を相手に伝える。
④おたがいになっとくできる解決方法を見つける。
⑤どうしても見つからないときは、まわりの大人に相談する。

お互いに納得のいく解決策を見つけ出すのは大人でもむずかしいものです。意識しなければ、相手の立場で物事を理解することはむずかしいからです。しかし、争いを解決したり、よい関係性を築いたりするためには、他者理解が欠かせません。相手がどう思っていて、なぜそう思うのか、相手の立場に立って考えてみるよう、子どもをサポートします。

89

38 ぜったいにゆるせない！しかえししたい！

■ゆるしの意義(いぎ)を知り、技術(ぎじゅつ)を身につける

だれかにだいじなものをこわされた、いじわるされた、
やくそくをやぶられた……。
「ぜったいにゆるさない！」って気もちになったことある？
もしかしたら、相手にしかえししたいって思っちゃうかもしれない。
でも、ずっとそんな気もちのままでいると、つかれてしまう。
しばらくしたら「ゆるそうかな」って考えてみよう。
すぐにはむりかもしれない。
でも、ゆるすってことは、相手のしたことをみとめるわけじゃない。
相手のしたことをわすれるということでもない。
「ゆるせない」「しかえししたい」という気もちを
もちつづけないってことを、自分自身で決めることなんだ。

第5章　すてきな人間関係を育てよう

ワーク　ゆるしてもらったことを思い出そう

だれかからゆるしてもらったときのことを思い出してみよう。
①だれがゆるしてくれた？
②ゆるしてくれたとき、きみはどんな気もちになった？
③ゆるしてくれた人とはなかなおりできた？

ワーク　「ゆるせない！」の風船とんでいけ！

イメージしてみよう。
①目の前にまだ空気を入れていないゴム風船がある。その風船にはひもがついていて、きみの心とつながっているんだ。
②「どうしてもゆるせない！」と思ったときのきみの気もちをくわしく思い出そう。その気もちをゴム風船のなかにどんどんふきこんでいこう。
③きみの気もちで風船が目いっぱいふくらんだら、ひもをチョキンと切ってみよう。
④風船はどんどん空にあがっていく。しばらくするとぽん！ とわれるんだ。

きみの気もちを風船のなかにぜんぶ吐き出そう！

大人の方へ　許しは、他者と長期的に関係を維持するためにとても重要です。怒りは引きずりやすく、精神的にも肉体的にも疲弊します。許しは、そうした二次被害から自分を守る手段です。まずは、怒りや悲しみ、許せない気持ちを認め、自分が過去に許された経験をふり返って感謝し、許しの意義を理解することで、自ら怒りを手放せるようにサポートします。

コラム ❺

「共感」をとおして、
お家の人や友だちともっとなかよくなる

　お家の人や友だちって、いっしょに遊ぶとたのしいし、元気が出る。こまってたら助けてくれるし、ずっとなかよしでいたいって思うよね。
　なかよしでいるコツは、その人に「共感」すること。
　友だちが野球の試合でまけちゃったら、友だちはきっとかなしむよね。肩を落として落ちこんでるかもしれない。あたらしいおもちゃやゲームを買ってもらったら、きっとうれしいだろうね。笑顔でワクワクしてるかもしれない。こんなふうに、相手のしぐさやことば、できごとからその人の気もちを思いうかべて、わかってあげることを「共感」っていう。ときには「どうしたの？」って聞いてみるのもいいかもね。
　きみがだれかのかなしい気もちに共感できれば、その人は気分がラクになる。きみがだれかのたのしい気もちに共感できれば、その人はもっとうれしくなる。だから、きみが共感することで、その人はきみともっとなかよくなりたいって思うんだ。

●共感の練習
・相手をよく観察しよう。
・相手の話をよく聞こう。
・相手はどんな気もちか感じてみよう。
・おなじような気もちになったり、おなじような体験をしたことはあるか思い出そう。
・もし自分だったらどんな気もちになるか考えてみよう。
・「だいじょうぶ？　なにかあった？」などと、相手を気づかうことばをかけてみよう。
・相手を元気づけたり、相手の気分を楽にしたりするために、自分になにができるか、なんと言えばいいか、考えよう。

第6章 レジリエンスを高めよう

大変なことがあったり、いやな気もちになったり、元気がなくなったりしても、それを乗り越えていく力を「レジリエンス」という。レジリエンスはだれもがもっている力で、もっと高めていくことができるんだ。第6章では、自分がもっているレジリエンスを発見したり、まわりの人のレジリエンスを学んでそれをいかしたりしながら、自分のレジリエンスを高める方法を身につけるよ。

ポジティブトレーニング 39 大失敗！もう立ち直れない……

■「レジリエンス」を理解する

人生には、うれしいことやたのしいこともあれば、
かなしいこと、落ちこむこと、おこりたい気もちになることもある。
だれだって失敗したり、いやなことがあったりしたら
いやな気もちになって元気がなくなる。
でも、人には、落ちこんだ気もちから立ち直って
元気になる力があるんだ。
そんな力を「レジリエンス」とよぶよ。
レジリエンスは生きていく上でかかせない、とってもだいじな力だ。
レジリエンスはトレーニングすれば、もっと育てていくこともできるよ。

第6章　レジリエンスを高めよう

ワーク　「レジリエンス」ってどんな力？

1 リコーダーをじょうずにふけなくてくやしい！

あきらめずに練習をつづける。

上手にふけるようになる。

2 友だちとけんかしてイライラ！

おたがいにあやまる。

もっとなかよくなれる。

3 ペットが死んじゃってかなしい……

かなしい気もちをお母さんに聞いてもらう。

かなしいけれど、たのしかったときのことも思い出せる。

大人の方へ　レジリエンスとは、元々「外力による歪みをはね返す力」を意味する物理学の用語です。その後、心理学に取り入れられ、「困難を乗り越える力」として広まりました。大人自身や、子どもにとって身近な人が実際に困難を乗り越えたり、立ち直ったりした経験を話し、レジリエンスについて具体的にイメージできるようにしましょう。

40 どうしたら立ち直れるの？

ポジティブ
トレーニング

■自分なりの「レジリエンス」を発見する

落ちこんだり、大変なことがあったりしても
立ち直って元気になれる力、それがレジリエンスだ。
きみはレジリエンスをどんなふうにイメージするだろう。
しおれていても、水と太陽の光でまた元気になるお花かな？
電池を変えたらまた動くようになったおもちゃかな？
転んでケガをしても、時間がたてば治る自分の体かな？
きみが感じるレジリエンスの力を絵にかいてみよう。
レジリエンスがどういう力か、どうしたら立ち直れるのかを
具体的にイメージすることができるようになるよ。
きみらしいレジリエンスのかたちを見つけてみよう。

第6章　レジリエンスを高めよう

ワーク　レジリエンスのイメージ

きみにとってのレジリエンスをイメージして絵にかいてみよう。

> たとえば、たおれても起き上がる「起きあがり小法師（こぼし）」とか、かれてもまたさく花とか、きみがレジリエンスに対して感じるイメージにぴったりなものや人、植物、動物などをかいてみよう。

大人の方へ　レジリエンス（＝立ち直る力）はだれもがもっている力です。しかし、「立ち直る」ということのイメージや、立ち直る際に働かせる心の力は一人ひとり違います。その子どもにとってのレジリエンスを認め、どのような心の力があるかを具体的に考えさせ、その子にとっての「レジリエンス」を言語化、ビジュアル化させるようにします。

あの人を思いうかべると元気が出てくる

ポジティブトレーニング 41

■レジリエンス・ヒーローを見つける

サッカーが大好きなケンタくんは、
けがをしてもあきらめず、努力して復帰し、
ふたたび活躍しているスポーツ選手の話を聞くと、
自分も練習がんばろうって気もちになれるんだって。
クルミさんは、1歳の妹のメグちゃんが
なん回もしりもちつきながら、それでも歩こうとしているのを見て、
なんてすごいんだろうって感動したんだって。
その人を見ていると、
自分もなんだか、勇気と立ち直る力がわいてくる、
そんなきみにとっての「レジリエンス・ヒーロー」ってだれだろう。

第6章　レジリエンスを高めよう

ワーク　自分だけのレジリエンス・ヒーロー

友だち、有名人、スポーツ選手など、その人を見ていると、きみ自身にも勇気や立ち直る力がわいてくるような、きみにとっての「レジリエンス・ヒーロー」を挙げよう。その人がなぜきみに立ち直る力をあたえてくれるのか、**理由**も書こう。

その人はきみにどんな力をあたえてくれるかな？「あきらめない力」かな？「明るく前向きに考える力」かな？「自分に負けない力」かな？いろいろ考えてみよう。

きみにとっての
レジリエンス・ヒーロー：

理由：

きみにとっての
レジリエンス・ヒーロー：

理由：

きみにとっての
レジリエンス・ヒーロー：

理由：

大人の方へ　「レジリエンス」を具体的にイメージしたりことばにしたりすることが大切です。子どもにとっての具体的な「レジリエンス・ヒーロー」を思い浮かべ、その人がどんなレジリエンスを与えてくれるのかを考えさせます。また、「レジリエンス・ヒーローが言葉をかけてくれるとしたらなんて言ってくれそう？」などと想像させることで、さらに勇気づけることができます。

ポジティブトレーニング 42 「つらいこともよい経験になる」ってほんとう？

■立ち直ったあとに成長できることを知る

ほうちょうで野菜を切ったら、左の人差し指をケガしちゃった！
痛いし、ものをもつのも、体をあらうのもとっても不便！
いつまでこんな大変な思いをしなきゃいけないの？
でも、指をけがしたおかげで
きみは、指の大切さとありがたさを知ることができたんだ。
それは、きみが人として少し成長した証拠だよ。
つらかったり、かなしかったり、おこりたくなったり。
ネガティブな気もちになんかできるだけなりたくないよね。
でも、人はいやなことやつらいことを乗り越えるとき、
人として成長できるんだ。もしネガティブな気もちになったなら、
成長するチャンス！　って思おう。

第6章　レジリエンスを高めよう

ワーク　レジリエンスストーリーをインタビュー

まわりの大人に「レジリエンスストーリー（＝困難を乗り越えた体験）」をインタビューしよう。

①「レジリエンス」とはなにか、インタビューする人にせつめいしよう。

②「レジリエンスストーリー」を話してくれるようにおねがいしよう。

③ワークシートを見ながら質問して、話を聞こう。

④つらい思い出を話すのは苦しいものです。インタビューが終わったら、感謝と尊敬の気もちをもって、きみが感じたことを伝えよう。

⑤さいごに心をこめてお礼を言おう。

「レジリエンス」とは、大変なできごとがあっても、それを乗り越える心の力のことです。あなたの困難を乗り越えた体験についてお話しください

どんな経験をしましたか？	
どうやってそれを乗り越えたのですか？	
まわりに支えてくれた人はいましたか？	
その経験から学んだことがありますか？それはどんなことですか？	
「その経験のおかげで成長できた」と思うことはありますか？	

大人の方へ　大人からレジリエンスストーリーを聞くことで、子どもは多くのことを学びます。自身の体験をぜひ子どもに聞かせてください。また、大きな事故や災害など、衝撃的なできごとがあると、急性ストレス反応（ASD）や心的外傷後ストレス障害（PTSD）を引き起こすことがあります。しかし、それでもその体験をしたことで、結果的に人間的な成長をとげる場合があり、それを心的外傷後成長（PTG）と呼びます。

101

ポジティブトレーニング 43 いやな気もちがおさまらない！

■効果的な対処方(こうか)を身につける

友だちとけんかした！　すごく腹(はら)が立つ！
たのしみだった遠足がなくなって、きょうは元気が出ないよ……。
いやなできごとがあったとき、
いやな気もちがなかなか出ていってくれないとこまるよね。
ネガティブな気もちがいすわっちゃうと、
体の元気もなくなっちゃう。
そんなときは「気晴らしの魔法(まほう)」をつかってみよう！
おこってイライラしたときは「ゆっくり深呼吸(しんこきゅう)を7回」の魔法！
かなしくなったときは「お気に入りの音楽」の魔法！
いつの間にかネガティブな気もちがなくなってくれるんだ。

第6章　レジリエンスを高めよう

ワーク　気晴らしの魔法

魔法の種類	魔法のかけ方	どんな時につかう？
ゆっくり深呼吸7回	ゆっくり息を吐いてからおなかいっぱいに息を吸いこもう！　7回くり返そう。	
お気に入りの音楽	アニメの主題歌、アイドルの曲、学校でならった曲、きみのお気に入りの音楽を聞こう。	
だれかに話を聞いてもらう	ネガティブな気もちをだれかに聞いてもらうだけで、いやな気もちが小さくなるよ。	
お散歩する	景色をながめながらお散歩しているうちに気分てんかんできるよ。	
大好きなペットをなでなでする	大好きなペットをなでなでしていると、ふしぎと心が落ちつくよ。	
絵をかく	絵をかくのが大好きなきみは、絵をかいていると心がすっきり！	
スポーツする	体を動かすと、おどろくほど気分てんかんができるんだ。	
お風呂にはいってゆっくりする	あったかい湯船にゆっくりつかってリラックスしよう！	
	きみのオリジナルの魔法を書いてみよう！	

大人の方へ　運動することや、音楽、呼吸法、日記をつけることなど、脳科学や心理学の研究から効果的な気晴らしの方法が明らかになっています。ワークでは、どんな時に、どんな気晴らしを使ったら効果的かという想定をしてみることで、実際、ネガティブ感情の悪循環に陥ってしまったときに子ども達が試せることが重要です。実際の場に遭遇したら、一緒に気晴らしの魔法をやってみることも促して下さい。

ムカついてドアをバタン！ってしめたらおこられた！

ポジティブトレーニング 44

■効果的でないコーピングがあることに気づく

いやな気もちをやっつけるのに、気晴らしの魔法はとっても便利だ。
でも、イライラをやっつけるのに
「なん時間もゲーム！」の魔法をつかうと……
目はつかれるし、寝不足にもなっちゃうよ。
むしゃくしゃをやっつけるのに
「人にやつあたり！」の魔法をつかうと……
おこられたり、けんかになったりしちゃうね。
気晴らしの魔法はべんりだけど、まちがったつかい方をすると、
いやな気もちをやっつけるどころか、
かえってきみがこまったり、だれかにめいわくがかかったり、
「がらくたの魔法」になっちゃうね。

第6章　レジリエンスを高めよう

ワーク　それってほんものの魔法？　がらくたの魔法？

つぎの気晴らしの魔法はほんものの魔法かな？　がらくたの魔法かな？
線をつないで、がらくたの魔法はごみ箱へ。ほんものの魔法は心のポケットに入れよう！

やつあたりする

体をうごかしてみる

深呼吸をする

だれかに相談する

だれともしゃべらない

ほんものの魔法

がらくたの魔法

役に立つ魔法のヒントは、
● 自分もほかの人もきずつけない、ほかの人にめいわくにならないこと。
● 気分がよくなること
ほかにどんな魔法があるか考えて、ほんものの魔法は心のポケットに、がらくたの魔法はごみ箱に入れよう。

大人の方へ　気晴らしのつもりが、自分や他人を傷つけたり、ものを壊したりしてしまい、結果的に、本人にとってさらに大きなストレスとなって跳ね返ってくる場合があります。子どもがストレスを感じている状況や気持ちを受けとめながらも、子ども本人にも周囲にもやさしい、本当の意味での気晴らしになる方法を見つけられるように手助けして下さい。

105

45 テストだって！えーっ、いきなり！？

■ものごとのとらえ方を変える①

国語の時間、先生がいきなり
「いまから漢字100問テストをします！」って言ったらどう思う？
漢字がにがてなら、「え？　やだよ」って思うかも。
とくいなら、「やったー！」って思うかな？
きみの頭のなかでは、いろんなオウムくんがいて、
いつもきみに声をかけているんだ。
「できるわけないよ」「きっとダメにきまってる」なんて言う
〝あきらめオウムくん〟。
「あいつがわるいんだ」「自分はわるくない」って言ってる
〝プンプンオウムくん〟。
「だいじょうぶだよ」って言ってる〝はげましオウム君〟もいるかもね。

第6章　レジリエンスを高めよう

ワーク　この気もちはなにオウムくんの声？

こんなときは、なにオウムくんがいるかな？　線でむすんでみよう！

いまから漢字100問テストをしましょう！

どうしようできないに決まってる

急にテストするなんてイヤな先生だ

だいじょうぶ、がんばればできるよ

相手をせめる
プンプンオウムくん

- うまくいかないのは相手のせいだ
- 自分はわるくない
- あいつがわるいんだ

だいじょうぶ！
はげましオウムくん

- やればできるよ！　がんばろう
- よくがんばっているよ
- 大丈夫だよ！

自分はダメだ！
あきらめオウムくん

- 自分にできるわけないよ
- うまくいかないよ
- きっとダメに決まってる

大人の方へ　できごとや状況をどのように捉えるか、認知するかによって、起こる感情や身体反応、その後の行動やその結果が違ってきます。いろいろな状況を想定し、「こんなときにはどんな気もちになる？　なにオウムくんがいるかな？」と質問を投げかけることで、子どもがその感情や行動の背後にある捉え方（認知）に気づけるようにサポートします。

107

どうせむりに決まってるよ……

■ものごとのとらえ方を変える②

苦手なリコーダー。
耳もとで"あきらめオウムくん"が「できるわけないよ」ってささやく。
ほんとうはできそうなことでも、やる前からあきらめちゃう。
先生に注意された。
"プンプンオウムくん"が「自分はわるくない」ってささやく。
ほんとうは自分がわるいのに、イライラしちゃう。
もし"あきらめオウムくん"や"プンプンオウムくん"を
"はげましオウムくん"に変えられたら、
どんな気もちになると思う？
いやな気もちがきみの心にいすわりそうになったら、
"はげましオウムくん"に出てきてもらおう！

第6章　レジリエンスを高めよう

ワーク　はげましオウムくんに変えよう

	プンプンオウムくん	あきらめオウムくん	はげましオウムくん
	なんて言う？ 気もち	なんて言う？ 気もち	なんて言う？ 気もち
急にテストをすることになった			
宿題がわからなくなった！			
先生におこられた			
ともだちにいやなことを言われた			

大人の方へ

「あきらめオウムくん」「プンプンオウムくん」、「はげましオウムくん」などが書かれたカードやペープサート（紙人形）などを用意して、「○○オウムくんがこう言っているよ」とオウムくんの声を代弁し、「どんな気持ちになった？」と問いかけても良いでしょう。

コラム ❻

ベサニーの物語にきみはなにを感じる？なにを考える？

　ベサニー・ハミルトンはアメリカ・ハワイ州で活躍する、かた腕のプロサーファーだ。

　子どものときからサーフィンが大好きで、大会ではいつも優勝するほど。将来はプロサーファーになるってだれもが思ってた。でも、13歳のとき、おそろしいことが起きた。4メートルを超える大きなサメにおそわれ、ベサニーの左腕は、肩からぜんぶ食いちぎられてしまったんだ。

　命を落とすきけんさえあったなか、懸命な治療によって、ベサニーはきせき的に助かった。それだけじゃなく、事故から1カ月もたたないうちに、ふたたびサーフィンをはじめたんだ！

　ところが、かのじょはすぐ、思いどおりにサーフィンができなくなっていることに気がついた。左腕をうしなってしまったため、波の上でじょうずにバランスを取ることができなくなっちゃったんだ。ショックのあまり、サーフィンをやめることまで考えた。

　それでも、かのじょはサーフィンをやめなかった。かた腕でもつかいやすいサーフボードをとくべつにつくってもらい、きびしいトレーニングをかさね、ふたたび、大会に挑戦したんだ。そしてついに、ベサニーはプロサーファーになる夢をかなえた。

　ベサニーの物語は、『ソウル・サーファー』という映画になっている。「レジリエンス」という心の力を思い出しながら、この映画を見てほしい。きみは、この映画から何を感じるだろう。

●考えてみよう
①ベサニーがいちばんつらかったときの気もちは？
②ベサニーはどうやってつらいことを乗り越えたんだろう？
③ベサニーにはどんな心の力があったから立ち直れたんだろう？
④ベサニーはどんな人びとに支えられていたんだろう？

第7章

自分なりの
しあわせや豊(ゆた)かさ
を見つけよう

この本の目的は、自分なりの「しあわせ」を見つけること。
でも、しあわせって、そもそもなんだろう？
苦しくてもしあわせに感じることがあるし、
しあわせだと思っていたのに、
急につまらなくなることだってあるんだ。
第7章では、いろいろなしあわせや落とし穴(あな)を学んで、
いよいよ自分なりのしあわせを見つけるトビラを開けるよ。

しあわせって、どんなときに感じるの？

■自分なりの「しあわせ」を見つける

ユウタくんは、おもしろい色や形の石を見つけると、
ワクワクしてとってもしあわせな気もちになるんだって。
そんなことでしあわせを感じるなんて、なんだかおもしろい！
きみは、しあわせについて考えてみたことはある？
ふだんの生活ではあまり考えたことがないかもしれないね。
しあわせということばを聞いて、きみはなにを思いうかべる？
きみがしあわせなときって、どんなとき？
ユウタくんのしあわせときみのしあわせは同じ？　それともちがう？
きみはどんなときにしあわせを感じるか、しあわせさがしをしてみよう。
しあわせに大きさは関係ないよ。
いろいろなしあわせを見つけに行こう！

第7章　自分なりのしあわせや豊かさを見つけよう

ワーク　しあわせボックス

きみがしあわせな気もちになったとき、どんなことをしていたかな？　どんな気もちだった？　思い出してみよう。思い出したしあわせを紙に書いて、しあわせボックスにしまっておこう。

（例）おじいちゃんがだっこしてくれた
　　　くすぐったい気もちだった

よく思い出せないときは、写真を見たり、だれかと話したりしてみよう。しあわせに感じたことを文章にするのがむずかしいときは、絵にかいてみよう。

「しあわせ」の体験は、心身の疲れを癒やし、元気を回復させるエネルギーです。子どもと写真を見たり、話したりしながら、しあわせを感じたできごとを具体的に思い出させ、「自分」と「しあわせ」とを関連づけるサポートをします。うまく思い出せない場合は、「お母さん（先生）は、～だったよ」などと例を示すことも有効です。無理強いはせず、その子なりの感じ方を尊重します。

しあわせって、どんなふうに感じるの？

■しあわせの感じ方のちがいを知る

アオイちゃんは、大好きなアイドルの写真を見てると
「サイコーにしあわせ〜」って思うんだって。
ケイくんはサッカーのスタメンに選ばれたことが
「人生でいちばんのしあわせ！」なんだって。
2人のしあわせはずいぶんちがうね。
きみのしあわせとはおなじかな？　ちがうかな？
しあわせはだれもが感じるけれど、
「しあわせ」に感じることや、その感じ方はひとりひとりちがうんだ。
ほかの人たちはどんなことにしあわせを感じるのか、
どんなふうにしあわせを感じるのか、インタビューしてみよう！

第7章　自分なりのしあわせや豊かさを見つけよう

ワーク　インタビュー「しあわせを感じるとき」

どんなときにしあわせを感じるか、どんなふうに感じるか、お家の人や友だち、先生など、みじかな人にインタビューしてみよう。

こたえて くれる人	

どんなときに感じる？

どんなふうに感じる？

こたえて くれる人	

どんなときに感じる？

どんなふうに感じる？

こたえて くれる人	

どんなときに感じる？

どんなふうに感じる？

こたえて くれる人	

どんなときに感じる？

どんなふうに感じる？

こたえて くれる人	

どんなときに感じる？

どんなふうに感じる？

> 感じ方は人それぞれ。こたえに「よい/わるい」はないよ。インタビューにこたえてくれた人には、心をこめて「ありがとう！」と言おう！

大人の方へ　「幸せ」は、漠然とし過ぎてつかみどころがないような印象がありますが、実証的な研究が進み、さまざまな要素から構成されていることがわかってきました。子どもたちが「幸せは人それぞれ違う」、「同じ『幸せ』という言葉でも人によって意味合いも違う」ことを知ることで、さまざまな人たちと共生していく多様な観点を身につけることを目指します。

115

苦しくてつらいのに それも「しあわせ」なの？

■いろいろな「しあわせ」について理解する・幸せの要素を知る

きょう、宿題がすごくたくさん出た。
がんばってやってたら、お父さんが「お、いい顔してるな」だって。
え？　たくさん宿題をしなきゃいけないぼくはちっともよくないよ？
大変なことや苦しいことは、
しあわせとは正反対のことって思うかもしれない。
うれしい、たのしいといったポジティブな気もちになれば、
それはもちろんしあわせなことだ。
でも、大変でも一生懸命取り組んだり、
苦しくても意味のあることをしてるって自分が思えるとき、
人はしあわせを感じるんだ。
どんなことを感じると、人はしあわせになるのか考えてみよう。

第7章　自分なりのしあわせや豊かさを見つけよう

ワーク　しあわせを感じるための5つのだいじな要素

ポジティブ感情をもつこと
（P：Positive emotion）

ポジティブ感情は、よいことをどんどんつくり出して、それを増やす力をもっているんだ。

夢中になれること
（E：Engagement）

夢中になっているとあっという間に時間がすぎちゃう。そんなとき人はしあわせを感じるんだ。

人とのつながりを感じること
（R：Relationships）

人とつながっていると感じると、人はしあわせを感じる。つながりは自分でつくれるよ。

意味を感じること
（M：Meaning）

自分なりの意味を見つけられれば、いやなこと、苦しいことにもしあわせを感じるんだ。

やりとげること
（A：Accomplishment）

目標をもって取り組み、それをやりとげると達成感を感じる。やりぬく力が自信を生んでまた挑戦できるんだ。そうしてきみは成長する。こんな成長のプロセスにしあわせを感じるんだ。

楽しさやうれしさなどのポジティブ感情から生じる幸せを「気分が良い幸せ」、目標・行動の意味やプロセスそのものから生じる幸せを「成長する幸せ」といいます。一方、アメリカの心理学者マーティン・セリグマンが提唱するPERMA理論では、幸せは5つの要素に分けられます。そうした幸せの種類とそれを構成する要素を、子どもの実体験に引きつけて理解できるようにサポートします。

しあわせな気もちは なぜ長つづきしないの？

■認知や感情のワナに気づく

誕生日にあたらしいゲームを買ってもらった！
うれしくて、毎日遊んでいたけれど、
友だちがもっとあたらしいゲームをやらせてくれた。
そしたら急に自分のゲームがつまらなく感じて
お母さんに「友だちがもってるゲーム買って！」って言っちゃった……。
せっかくしあわせな気もちだったのに、
少しのことで台なしになっちゃうなんて、もったいない！
どうして、しあわせな気もちは長つづきしないんだろう。
それは、人の考え方や心のしくみが関係しているからなんだ。
どんなしくみがかくれているか考えてみよう。

第7章　自分なりのしあわせや豊かさを見つけよう

ワーク　しあわせな気もちが長つづきしない心のしくみ

❶ まわりと比べちゃう

「いまの自分に不満」を感じることは、あたらしい「やる気」を起こさせてくれる。でもまわりと比べて「いまの自分に不満」という気もちが大きくなりすぎると、「もういいや！」って思っちゃうんだ。

こうしてみよう！

まわりと比べるのではなく、これまでの自分と比べてみよう。いまのきみは、これまでのきみと比べてどうかな？　成長を感じたり、やる気が出てくるなら、それは役立つ比べ方だ。

❷ 慣れてきてつまんなくなっちゃう

「慣れ」という心のしくみがある。慣れははじめのころの緊張を取りのぞいてくれるけど、あたらしい発見やよろこびを感じにくくして、たのしい気もちを減らしてしまうこともあるんだ。

こうしてみよう！

つまんないって思ったときは、少しだけあたらしいことを取り入れてみよう。新鮮な気もちで、また大好きなことに取り組めるようになるよ。

❸ 小さなことが気になっちゃう

うれしい気もちが大きいほど、ちょっとしたことでもざんねんな気もちが大きくなっちゃうね。でも「ざんねん」「いやだな」って考えてばかりだと、せっかくのうれしかったことまで思い出せなくなってしまうよ。

こうしてみよう！

1本の木とそのまわりのすてきな森をイメージしよう。木には虫食い穴やキズがある。でも森全体はあいかわらずすてきだね。全体を見わたすことで、気になる気もちをへらすことができるよ。

大人の方へ　①は「社会的比較」といわれる認知の働きです。社会的比較は、行動の動機づけになり得ますが、比較によってネガティブ感情ばかりが強くなると逆効果です。②は「馴化（慣れ）」による緊張の緩和と反応の鈍化です。新しい刺激を加えると反応が促進されます。③はネガティブ感情による注意の焦点化です。細かなことに焦点化されると全体が見えづらくなります。こうしたメカニズムを理解した上で支援します。

しあわせの気もちが長つづきする方法はある？

■ハピネスサイクルを育てる

昆虫が大好きなサトシくん。
夏休みに書いた昆虫の観察日記が最優秀賞にえらばれた。
とってもうれしくて、これからも一生懸命勉強して、
将来は昆虫博士になりたいって思うようになったんだって。
しあわせな気もちをつぎのしあわせにつなげられれば、
長つづきするハピネスサイクルをつくることができるんだね。
ポイントは3つ。
①自分の好きなことをもっと好きになること。
②自分にとって大切なものを、きちんと大切にすること。
③やりたいことをほんとうに一生懸命すること。
ハピネスサイクルをつくって、しあわせの気もちを長つづきさせよう。

第7章　自分なりのしあわせや豊かさを見つけよう

ワーク　ハピネスサイクルを育てよう

①好きなこと、②大切なこと、③一生懸命やりたいことことをそれぞれ3つずつ書き出してみよう。そのなかから"ほんとうに"好きなこと、大切なこと、一生懸命やりたいことを1つずつ選ぼう。それがきみの「ハピネスサイクルのタネ」になるよ。

①好きなこと
- ＿＿＿＿＿＿＿＿＿＿＿＿＿＿＿＿＿＿＿＿＿＿＿＿＿＿＿＿＿＿＿＿＿＿＿＿
- ＿＿＿＿＿＿＿＿＿＿＿＿＿＿＿＿＿＿＿＿＿＿＿＿＿＿＿＿＿＿＿＿＿＿＿＿
- ＿＿＿＿＿＿＿＿＿＿＿＿＿＿＿＿＿＿＿＿＿＿＿＿＿＿＿＿＿＿＿＿＿＿＿＿

②大切なこと
- ＿＿＿＿＿＿＿＿＿＿＿＿＿＿＿＿＿＿＿＿＿＿＿＿＿＿＿＿＿＿＿＿＿＿＿＿
- ＿＿＿＿＿＿＿＿＿＿＿＿＿＿＿＿＿＿＿＿＿＿＿＿＿＿＿＿＿＿＿＿＿＿＿＿
- ＿＿＿＿＿＿＿＿＿＿＿＿＿＿＿＿＿＿＿＿＿＿＿＿＿＿＿＿＿＿＿＿＿＿＿＿

③一生懸命やりたいこと
- ＿＿＿＿＿＿＿＿＿＿＿＿＿＿＿＿＿＿＿＿＿＿＿＿＿＿＿＿＿＿＿＿＿＿＿＿
- ＿＿＿＿＿＿＿＿＿＿＿＿＿＿＿＿＿＿＿＿＿＿＿＿＿＿＿＿＿＿＿＿＿＿＿＿
- ＿＿＿＿＿＿＿＿＿＿＿＿＿＿＿＿＿＿＿＿＿＿＿＿＿＿＿＿＿＿＿＿＿＿＿＿

ハピネスサイクルのタネを育てよう。10年後、20年後、きみのハピネスサイクルのタネはどんなふうに育っているかな？　想像をふくらませて、絵にかこう。

大人の方へ　『ハーバードの人生を変える授業』の著者、タル・ベン・シャハー博士は、天職は「自分の好きなこと」「意味を感じられること」「強みを生かせること」の重なる部分にあると述べています。ここでは「意味を感じられること」を「大切なこと」に、「強みを生かせること」を「一生懸命やりたいこと」に置き換えています。ハピネスサイクルのタネを子どもに気づかせたら、将来の夢の実現につなげられるように支援します。

コラム ❼

「しあわせ」はとってもふしぎ

　さいごに、この本を通してたくさんのことを学んでくれたきみと「しあわせ」についていっしょに考える詩をつくった。ぜひ、声に出して読んでみてほしい。

しあわせってふしぎだ。

大きく口をあけて笑った。
しずかにほほ笑んだ。
いっしょうけんめいに歯を食いしばった。
しあわせって、たのしいことやうれしいことだけではないんだ。

道がわからなくてこまっていたら、
通りかかった人が親切に教えてくれた。
ゆっくり階段(かいだん)を上がるおばあさんの荷物をもってあげたら
「ありがとう」って感謝(かんしゃ)された。
しあわせって、自分のことだけではないんだ。

幼かったころを思い出して笑う。
引っ越(こ)す前の家が大好きだった。
夢(ゆめ)がかなった将来(しょうらい)の自分。
しあわせって、いまの時間のなかだけにあるんじゃないんだ。

おばあちゃんのことを思い出すと心があったかくなる。
死んじゃったポチとのお散歩(さんぽ)の大切な時間。
しあわせって、もう手が届(とど)かないことのなかにもあるんだな。

しあわせは、見つけようと思えばいつでも見つけられる。
つらくてもしあわせにつながっていくことだってある。
しあわせは自分でつくることだってできるんだ。
それに、しあわせはみんなと同じじゃなくたっていいんだ。

でも、しあわせは、気をつけないと見つけることができない。
いつの間にかなくなってしまうかもしれない。

自分なりのしあわせ、まわりの人のしあわせ。
自分もまわりもしあわせだって思えたら
きっとすてきな世界(せかい)になるんだろうな。

しあわせってふしぎだ。

「24の強み」の解説

好奇心 あらゆること、あらゆる経験を興味深いと感じる。あたらしいことを発見することが好きで、積極的に情報を集めようとする。

学ぶ意欲 もっとたくさんの知識や能力を身につけようとしたり、自分が知っていることでももっとくわしく知ろうとしたりする。なにかあたらしいことを学ぶとワクワクする。

創造性・独創性 芸術的なことでもそれ以外のことでも、それまでのやり方にとらわれず、創意工夫してなにかあたらしく、オリジナルなものを考えることができる。

全体を見わたす力 ものごとの全体像や、将来を見通すことができる。いろいろな意見を取り入れて、みんなが納得できる答えを考え、適切なアドバイスができる。

やわらかい頭 決めつけず、あらゆる角度から考えて答えを出す。感情に流されず、冷静に判断し、たしかな証拠が見つかれば、それまでの考え方を柔軟に変えることができる。

誠実さ いつもほんとうのことを語る。地に足がついていて、うそがない。約束を守り、自分の気もちと行動に責任をもつ。

熱意 感動と情熱をもって、人生を冒険のように生きる。ものごとを中途半端にしたり、いいかげんに終わらせたりしない。活動的で生き生きとしている。

忍耐力 はじめたことはかならず最後までやりとげる。困難なことがあっても、ねばり強くすすみ続ける。課題をやりとげることによろこびを感じる。

勇敢さ こわいことやむずかしいことなどに決してひるまない。反対にあっても正しいことをきちんと言う。同じ意見の人がいなくても、自分を信じて行動する。

愛情 人となかよくすることが好き、とくい。人と共感し合ったり、思いやったりする関係を大切にする。

対人関係力 相手のことも自分のことも、感情や考えをよく理解して、うまくふるまうことができる。いろいろなタイプの人とうまくつき合うことができる。

思いやり 人に親切にし、人のためによいことをする。ほかの人を助け、めんどうを見る。人によいことをするのをたのしむ。

45ページで紹介した「24の強み」について、それぞれどんな強みなのかを解説しました。
自分にはどんな強みがあるのか、子どもといっしょに考えるための参考にしてください。

公平さ みんなにひとしく接する。すべての人にチャンスを与え、個人的な感情で、ほかの人についてかたよった判断をしない。

チームワーク グループやチームのなかで、メンバーとしてうまくやっていける。グループのために、自分のやるべきことをおこなうことができる。

リーダーシップ グループが目標を達成できるように力づけ、メンバーがなかよくできるようにサポートする。メンバーのために働きつつ、みんなを引っ張るのがとくい。

広い心・ゆるす心 まちがいや失敗をした人を受け入れ、やり直すチャンスを与える。決してしかえしをしようと思わず、すぎたことにはこだわらない。

自制心 自分の気もちや言動、食欲などをコントロールできる。ルールやマナーを守る。なにか悪いことが起こったときでも、自分の気もちをコントロールすることができる。

思慮深さ 注意深く選んで、失敗したりきけんな目にあったりしないようにする。後悔しそうなことを言ったりやったりしない。目先のことに飛びつかず、じっくりと選ぶ。

つつしみ深さ・謙虚さ 才能を見せびらかしたり、じまんしたりしない。みんなから「すごい」と思われようとしたり、自分はとくべつなんだと思いこんだりしない。

感謝する心 さまざまなよいできごとに目を向け、それに感謝する心をもつ。そして、相手に感謝の気もちをあらわす。小さなことにも「ありがとう」と思ったり、伝えたりする。

希望 明るい未来を思いえがいて、そうなるように努力する。未来がよいものになると信じ、一生懸命やれば結果的にのぞみはかなうと思っている。

美的センス あらゆるもの(自然、芸術、学問、日常生活など)に対し、美しい部分やほかよりすぐれている部分を見つけ、そのすばらしさを認める。

見えない力を信じる心 自分がとても大きな流れや広い世界のなかで生きていることを感じることができる。高い目標や意義に対して信念をもっている。

ユーモア 笑いや遊び心を大切にする。人を笑わせたり、おもしろいことを考えたりするのが好き。いろいろな場面で明るい面を見ようとする。

【解説】
子どものポジティブ教育：
子どもたちが内側から輝く種を育てたい

　多くの人は、子どもたちに幸せになってもらいたいと願います。しかし、「幸せとは何か？」「どうしたら幸せになれるのか？」と聞かれたら、みなさんならどのように答えるでしょうか？　自信をもってはっきりと答えるのは、専門家でもなかなか困難です。

　幸せとは何か、どうすれば幸せになれるのかについて、科学的に明らかにしようとしているのが、ポジティブ心理学です。そして、ポジティブ心理学によって得られた科学的知見を、教育分野に応用したのがポジティブ教育です。

　ポジティブ教育では、学校の学力テストだけでは測れない、子どもたち一人ひとりの幸福感や日々の充実感、すなわち、ウェルビーイングを教師や親が一緒になって支援します。すでにイギリスやオーストラリアなど、さまざまな国や地域で広がりを見せています。

　ポジティブ教育には、2つの大きな柱があります。「予防（prevention）」と「促進（promotion）」です。子どもは生きていくなかで、程度の差こそあれ、逆境や困難にかならず直面します。強いストレスを感じることもあるでしょう。残念ながら、それらをすべて取り除くことは不可能です。むしろ、それらを乗り越える経験が子どもの人生をより豊かにしてくれるのです。

　ポジティブ教育では、事前に準備しておけることはしっかりと準備しておくことに力を入れます。そして、逆境や困難に直面したときにそこから回復できる力や自分なりの乗り越え方を養っておくのです。それが「予防」の柱です。「折れない心」や「心の回復力」などともいわれるレジリエンスを高めることはそのひとつです。

　たとえば、つらいときに頼れる人をあらかじめ確認しておいたり、自分の気持ちや考え方の特徴、傾向を事前に把握して、自分にあった対処の仕方を学んでおいたりすることは、困難や逆境を乗り越える上でとても有効な手段です。

　さらに、ポジティブ教育では、子どもたちが自分の「気持ち」に気づき、それと上手につき合っていく方法や、「自分らしさ」「強み」を見つけて、周囲との関係性を尊重しながらそれを活用する方法、自分で自分の「やる気（モチベーション）」を引き出してそれを伸ばしていく方法、よりよい「人間関係」を自分らしく構築する方法、そして、子どもたちが自分なりの「幸せ」を考えていく方法なども重視します。それが、「促進」の柱です。

　このように、逆境や困難をしなやかに乗り越えるためのレジリエンスを「予防」的に高めながら、ウェルビーイングとその向上に役立つ心理・社会的資源の有効利用・開発を「促進」することで、子どもたち一人ひとりが自分らしく幸せな人生を歩めるようにするのが、ポジティブ教育なのです。

　本書では、ポジティブ教育の「予防」と「促進」の観点から、さまざまな手法や活動を紹介しています。この本を手に取ってくださったみなさんが、子どもたちのなかに内側から輝ける「golden seed（金の種）」を見つけ、それをともに育んでくださることを願います。そして、子どもたちが自らの「らしさ」を「良さ」としてさらに開花させ、豊かな生き方をつくり上げていくことを支えていただければと思います。

　筆者陣も常に内省の態度と挑戦する勇気、そして、高い志を持ち、みなさんとともに歩み続けます。この本が、この世に生を受けた一人でも多くの子どもの笑顔に役立つならば、これ以上の幸せはありません。

2017年7月
執筆者一同

【参考資料】
●大人向け　ポジティブ心理学をまなぶ上で役立つ図書・資料・映画
『ネガティブな感情が成功を呼ぶ』R.B.ディーナー、T.カシュダン、高橋由紀子訳、草思社、2015年
『ポジティブ・コーチングの教科書』R.B.ディーナー、宇野カオリ監訳、高橋由紀子訳、草思社、2016年
『ポジティブ心理学入門』C.ピーターソン、宇野カオリ訳、春秋社、2012年
『幸福だけが人生か?』C.ピーターソン、宇野カオリ訳、春秋社、2016年
『親と子どものためのマインドフルネス』エリーン・スネル、出村佳子訳、サンガ、2015年
『はじめよう！　キッズ・ヨーガ　親子で楽しいヨーガあそび』伊藤華野、エンターブレイン、2008年
『ポジティブな人だけがうまくいく3：1の法則』B.フレドリクソン、植木理恵監修、高橋由紀子訳、日本実業出版、2010年
『子どもの「逆境に負けない心」を育てる本』足立啓美・鈴木水季・久世浩司、I.ボニウェル監修、法研、2014年
『ポジティブ心理学が1冊でわかる本』I.ボニウェル、成瀬まゆみ監訳、永島沙友里ほか訳、国書刊行会、2015年
『イラスト版子どものレジリエンス』上島博、合同出版、2016年
『マインドセット「やればできる!」の研究』C.S.ドゥエック、今西康子訳、草思社、2016年
『モティベーションをまなぶ12の理論』鹿毛雅治編、金剛出版、2012年
『フロー体験入門』M.チクセントミハイ、大森弘監訳、世界思想社、2010年
『フロー理論にもとづく「学びひたる」授業の創造』浅川希洋志・静岡大学教育学部附属浜松中学校、学文社、2011年
『やり抜く力　GRIT』アンジェラ・ダックワース、神崎朗子訳、ダイヤモンド社、2016年
『ハーバードの人生を変える授業』タル・ベン・シャハー、成瀬まゆみ訳、大和書房、2015年
『フォーカス』ダニエル・ゴールマン、土屋京子訳、日本経済新聞出版社、2015年
『幸せがずっと続く12の行動習慣』ソニア・リュボミアスキー、渡辺誠監修、金井真弓訳、日本実業出版社、2012年
『ポジティブ心理学の挑戦』M.セリグマン、宇野カオリ監訳、ディスカヴァー・トゥエンティワン、2014年
「みんなのセロトニン講座」2009年、成田奈緒子（http://kosodatekagaku.com/wordpress/wp-content/themes/kosodatekagaku/assets/serotoninkouza2.pdfより）

●子ども向け　心を前向きにしてくれる本・映画
『こころのふしぎ　なぜ？どうして？』村山哲哉監修、高橋書店、2013年
『スイミー　ちいさなかしこいさかなのはなし』レオ・レオニ作・絵、谷川俊太郎訳、好学社、1969年
『スーホの白い馬』大塚勇三再話、赤羽末吉絵、福音館書店、1967年
『佐賀のがばいばあちゃん』島田洋七、徳間書店、2004年
『ジョン万次郎漂流記』井伏鱒二著、宮田武彦絵、偕成社、1999年
『逆境に負けない力をつける！　こども菜根譚』齋藤孝監修、日本図書センター、2016年
『銀河鉄道の夜―宮沢賢治童話集3―（新装版）』宮沢賢治、講談社、2009年
『西の魔女が死んだ』梨木香歩、新潮社、2001年
『あのときすきになったよ』薫くみこ作、飯野和好絵、教育画劇、1998年
『モグラ原っぱのなかまたち』古田足日作、田畑精一絵、あかね書房、1968年
『チョコレート戦争』大石真作、北田卓史絵、理論社、1999年
『ぼくらの七日間戦争』宗田理、角川書店、1985年
映画「魔女の宅急便」宮崎駿監督、スタジオジブリ、1989年
映画「千と千尋の神隠し」宮崎駿監督、スタジオジブリ、2001年
映画「ソウル・サーファー」ショーン・マクナマラ監督、ディズニー、2011年

著者紹介（五十音順）

足立啓美（あだち・ひろみ）
一般社団法人 日本ポジティブ教育協会代表理事。
武蔵野大学人間科学部卒業。認定ポジティブ心理学コーチ。東京サドベリースクール設立など国内外の教育機関で10年にわたる経験を経て現職。SPARKレジリエンスプログラムの翻訳、親子で学ぶレジリエンス講座や、英語講師向けのポジティブ教育プログラム開発などをおこなう。一般社団法人レジリエンスジャパン推進協議会「レジリエンス力を醸成する仕組み作りWG」委員。
主な著書：『子どもの「逆境に負けない心」を育てる本』（共著、法研、2014）

鈴木水季（すずき・みき）
一般社団法人 日本ポジティブ教育協会理事。
東京国際大学大学院社会学修士課程修了。臨床心理士。精神保健福祉士。精神科病院ソーシャルワーカー、企業の産業カウンセラー、東京都公立学校スクールカウンセラーを経て、現在、郁文館夢学園スクールカウンセラー、千葉経済大学非常勤講師。
主な著書：『子どもの「逆境に負けない心」を育てる本』（共著、法研、2014）、『精神保健福祉相談援助の基盤（専門）』（共著、弘文堂、2017）など。

岐部智恵子（きべ・ちえこ）
一般社団法人 日本ポジティブ教育協会理事。
お茶の水女子大学大学院博士後期課程人間文化創成科学研究科修了、博士（心理学）。発達精神病理学、ポジティブ心理学。イーストロンドン大学大学院応用ポジティブ心理学修士課程修了。ロンドン市内公立小学校勤務、帰国後は企業での乳幼児教育プログラム開発研究、千葉大学子どものこころの発達教育研究センター特任研究員、十文字学園女子大学、お茶の水女子大学非常勤講師勤務を経て、現在、お茶の水女子大学基幹研究院研究員。
主な著書：『基礎助産学4 母子の心理・社会学』（共著、医学書院、2016）など。

緩利 誠（ゆるり・まこと）
一般社団法人 日本ポジティブ教育協会理事。
筑波大学大学院博士課程人間総合科学研究科単位取得退学。修士（教育学）。カリキュラム研究、才能教育、ポジティブ組織開発。浜松学院大学で保育士・教員養成に従事。現在、昭和女子大学総合教育センター専任講師、昭和女子大学現代教育研究所副所長。
主な著書：『カリキュラム評価入門』（共著、勁草書房、2009）など。

一般社団法人 日本ポジティブ教育協会（JPEA）［監修］
一人ひとりが幸せにたくましく生きる力、子どもたちが意欲をもって学び続ける力の育成を目指し、ポジティブ教育の普及に努める。日本の子どもたち、保護者、教員向けに、ポジティブ心理学をベースとしたJPEA認定レジリエンストレーナーの養成講座やポジティブ教育基礎講座などを企画・開催。認定トレーナーは全国で活躍中。顧問：イローナ・ボニウェル博士　ホームページ：http://www.j-pea.org/

＊JPEA認定レジリエンストレーナー
子どもたちのレジリエンスを育てるため、レジリエンスの実践的な授業方法やポジティブ心理学の基礎知識を習得する所定の研修を受け、認定試験に合格したトレーナー。およそ100人の認定トレーナーが、全国の学校や企業で講演や研修をおこなっています。子育てに役立てたい方、自分のレジリエンスを育てたい方、学校教育に取り入れたい方、学校や病院などの組織全体のレジリエンスを育てたい方などが受講し、認定を受けて活動しています。

イローナ・ボニウェル（Ilona Boniwell）
一般社団法人日本ポジティブ教育協会顧問、心理学博士。
英国アングリアラスキン大学大学院応用ポジティブ心理学プログラムリーダー、仏国スコラ・ヴィ共同設立者兼共同ディレクター。国際ポジティブ心理学協会（IPPA）理事。
欧州におけるポジティブ心理学の第一人者であり、ポジティブ教育における世界的な先駆者の一人としてポジティブ教育の実践と研究を実施。SPARKレジリエンス・トレーニングの開発者として、NHK『クローズアップ現代』でも取り上げられた。著書に『ポジティブ心理学が1冊でわかる本』（国書刊行会、2015）など。

イラスト版子どものためのポジティブ心理学
――自分らしさを見つけやる気を引き出す51のワーク

2017年8月1日　第1刷発行

著　者	足立啓美＋岐部智恵子＋鈴木水季＋緩利 誠
監　修	一般社団法人 日本ポジティブ教育協会
発行者	上野良治
発行所	合同出版株式会社
	東京都千代田区神田神保町1-44
	郵便番号　101-0051
	電話　03(3294)3506／FAX　03(3294)3509
	URL　http://www.godo-shuppan.co.jp/
	振替　00180-9-65422

印刷・製本　株式会社シナノ

■刊行図書リストを無料送呈いたします。　■落丁乱丁の際はお取り換えいたします。

本書を無断で複写・転訳載することは、法律で認められている場合を除き、著作権および出版社の権利の侵害になりますので、その場合にはあらかじめ小社あてに許諾を求めてください。

ISBN978-4-7726-1314-9　NDC376　257×182　©足立啓美＋岐部智恵子＋鈴木水季＋緩利 誠、2017